Das Heißluftfritteuse Rezeptbuch für Anfänger und Profis

Das XXL Kochbuch zum Frittieren ohne Öl - Einfache und leckere Gerichte für Freunde und Familie inkl. Instandhaltung, Desserts und Beilagen

MICHAEL K. JÄGER

ISBN – 9798477554645

INHALTSVERZEICHNIS

INHALTSVERZEICHNIS

EXKLUSIVER BONUS

35 exklusive Abnehmrezepte

inkl. 14-Tage-Abnehmplan, um dauerhaft Bauchfett zu verlieren und schlank zu bleiben

Halten Sie Ihre Handykamera einfach auf den QR Code und kommen Sie so zu dem Gratis-Download:

QR-Code mit Kamera scannen und GRATIS Bonus erhalten:

GESUNDHEIT ODER GENUSS?

Nicht „oder“ – wir wollen beides!

Der Spagat zwischen Essgenuss und schlanker Linie ist nicht immer leicht zu bewerkstelligen, schmeckt doch oft gerade das Deftige, Knusprige und Kalorienreiche ganz besonders gut. Dabei geht es nicht nur um die Figur – auch für das körperliche Wohlbefinden sind schwere und fettige Mahlzeiten eine Belastung, die man vielleicht nicht sofort wahrnimmt: Sobald der Hosenbund zwickt, sich Völlegefühl und Sodbrennen breit machen, ist es jedoch vorbei mit dem Wohlgefühl.

Es wurden schon viele Tipps gegeben und Tricks ersonnen, um den „Rettungsringen“ und dem „Hüftgold“ Paroli zu bieten, doch ist es nicht einfach, sich danach zu richten, wenn der Appetit auf eine deftige Mahlzeit nicht mehr zu unterdrücken ist, der Magen knurrt und nach den geliebten Schmankerln lechzt.

Mit dieser Diskrepanz zwischen Genuss und Gesundheit hat es nun ein Ende – eine Lösung ist in Sicht: die Heißluftfritteuse.

DIE HEISSLUFTFRITTEUSE – EIN GERÄT, TAUSEND MÖGLICHKEITEN:

Lernen Sie alle kennen! Lassen Sie sich inspirieren!

Der Brat-Back-Frittier-(Fast)Alleskönner ist etwa so groß wie eine herkömmliche Öl-Fritteuse, jedoch nicht oben zu öffnen, sondern hat auf der Vorderseite eine Lade, in der sich der Frittierkorb befindet – rundum mit Schlitzen versehen oder einem Sieb ähnlich, sodass die heiße Luft von allen Seiten an das Gargut herankommen kann, ähnlich einem Backrohr mit Umluft. Die heiße Luft wird mit so hoher Geschwindigkeit im Garraum herumgewirbelt, dass es einem Frittiervorgang mit Öl entspricht.

Der Vorteil gegenüber einem Backrohr: Die Heißluftfritteuse ist wesentlich rascher auf Betriebstemperatur und durch den kleinen Garraum sind auch die Zubereitungszeiten im Allgemeinen kürzer als im Ofen. Zudem können Sie mit eingeschobenen Zwischenböden Hauptspeise und Beilagen in vielen Fällen zugleich garen.

Doch das ist noch nicht alles, was Fans an der vielseitigen Küchenassistentin schätzen.

Als die Heißluftfritteuse noch ein fast „exotisches“ Gerät war, hörte man munkeln: Pommes Frites (fast) OHNE Öl! Das war dann wohl für so manchen, der die knusprigen Kartoffelstäbchen mindestens genauso liebt wie seine (noch) pölsterchenfreie Körpermitte, das ultimative Versprechen, endlich Genuss gemeinsam mit Figur- und Gesundheitsbewusstsein unter einen Hut zu bekommen – nicht umsonst ist auf den meisten Produktfotos die Heißluftfritteuse mit einer großen Ladung Pommes zu sehen, denn genau das erwartete man zuallererst: fettfreie Pommes.

Das war's dann? Keineswegs!

Nicht nur die Pommes können quasi ohne Fett zubereitet werden, auch all das, was Sie bisher in viel Öl schwimmend gebacken und gebraten haben, ist mit wenig Aufwand in der Heißluftfritteuse machbar. Mit ausgeklügelter Technologie ermöglicht das Gerät das Braten, Backen und Frittieren entweder ganz ohne oder mit nur einem Hauch von Öl. Aromen, Vitamine und Nährstoffe gehen nicht in einem Ölbad unter, sondern bleiben mehr als in einer herkömmlichen Fritteuse erhalten – Ihr Body wird es Ihnen danken!

Mit der Heißluftfritteuse haben Sie es selbst in der Hand, Ihren Speisezettel nicht nur schmackhaft, von deftig bis verführerisch süß, zu gestalten, sondern auch gesundheitsbewusst und figurfreundlich:

Köstlich – bekömmlich – körperbewusst!

Das klingt doch gut, oder? Und, ja, das ist es auch!

Doch auch damit sind die Möglichkeiten noch nicht ausgeschöpft, Sie können mit der Heißluftfritteuse auch grillen, kochen, rösten, backen ... – und das wollen wir Ihnen gerne mit unseren sehr unterschiedlichen Rezepten quer durch die Schmankerl- und Genussküche zeigen. Wir sind sicher, dass Sie sehr rasch Ihre eigenen Ideen entwickeln werden, was alles Sie noch mit der Heißluftfritteuse zaubern können, denn auch ihre fast schon kinderleichte Anwendbarkeit spricht für sie.

WELCHE SOLL DIE „IHRE“ WERDEN? KLEINER EINKAUFS-GUIDE

Sie blättern Prospekte durch, surfen im Internet – Modelle über Modelle, kleine & große, preiswerte & teure, Markenprodukte & NoName-Geräte ... Welches davon soll es werden?

Zunächst einmal sind Sie sicher gespannt darauf, ob es tatsächlich funktioniert – das Braten und Frittieren (fast) ohne Öl: Kenner sprechen von etwa 80% Fettersparnis. Diese hervorragende Funktion ist wahrscheinlich die an erster Stelle stehende Erwartung, die in eine Heißluftfritteuse gesetzt wird. Die Erfahrung vieler begeisterter Nutzer zeigt, dass dies nicht nur ein haltloses Werbeversprechen ist: Es funktioniert tatsächlich.

Hier noch einige Überlegungen, die Ihre Kaufentscheidung begleiten sollten:

* Wie viel oder wie wenig High-Tech ist für Sie alltagstauglich? Liebäugeln Sie mit dem Ferrari unter den Heißluftfritteusen oder ist Ihnen ein solider Familien-Van lieber? Sprich: Soll Ihr Gerät mit vielen Extra-Funktionen ausgestattet sein, an denen Sie begeistert tüfteln können? Oder ist es Ihnen intuitiv bedienbar und robust-praktisch lieber, wenn Sie mit einem Blick die wichtigsten Funktionen ohne viel Grübelei erfassen können?

Üblich sind mittlerweile bei so gut wie allen Modellen voreingestellte Programme für die unterschiedlichsten Produkte, von Fisch bis Donut. Zusätzlich gibt es jedoch auch immer die manuelle Temperatur- und Zeitregelung.

Bei einigen Modellen gibt es sogar die Möglichkeit, selbst Programme anzulegen.

* Ein weiteres wichtiges Kriterium betrifft die Anzahl der Personen, für die Sie kochen wollen. Der Garraum einer Heißluftfritteuse ist

nicht für eine 10köpfige Großfamilie ausgelegt – zumindest nicht, wenn alle zugleich essen wollen: Da kann es eng werden, sogar mit dem größten Modell.

Da sind wir nun gleich beim Fassungsvermögen: Die kleinsten Modelle verfügen über einen Garraum, der für 800 g Gargut geeignet ist, große für bis zu 2 Kilo. Die meisten Hersteller geben die Größe für das Volumen an - das geht von 1 Liter bis zu 10 Litern.

Personenanzahl	Liter Fassungsvermögen	Gargut, z.B. Pommes
Single	1	800 g
Paar	1,5 - 2	1000 g
Kleinfamilie	2,5 - 3	1200 g
Großfamilie	ab 4	ab 1500 g

Hier eine kleine Größenübersicht:

Mindestens ebenso wichtig, wenn nicht sogar noch wichtiger ist es, bei der Größe auch die Größe der Frittierkorbfläche zu beachten, da das Gargut ja meistens nicht übereinandergestapelt werden soll, sondern einzeln nebeneinander auf den Frittierkorb-Boden gelegt wird.

Wenn Sie, unabhängig von der Anzahl der zu Bekochenden, vorhaben, auch mal ein Brot in der Heißluftfritteuse zu backen oder einen Kuchen, ist es eine gute Entscheidung, wenn Sie sich von vornherein ein größeres Modell anschaffen.

* Größe des Geräts – hier sind die Außenmaße gemeint, nicht das Volumen.

Eine Heißluftfritteuse ist nicht gerade klein und sie braucht auch rundum etwas Platz. Wegen der Lüftungsschlitze an der Rückseite sollte sie nicht zu nahe an der Wand stehen, nach vorne hin soll sie bequem geöffnet und die Lade herausgezogen werden können.

Überlegen Sie daher vorher, wo Sie für das Gerät ausreichend Platz machen können. Bewahren Sie das Gerät irgendwo in einem

Schrank auf, so werden Sie es vermutlich nicht allzu oft benützen, wenn Sie es immer erst extra herräumen müssen – deshalb: Planen, wo es stehen soll, um jederzeit unkompliziert verwendet werden zu können.

* Um noch mehr Möglichkeiten zu haben, sollten Sie auch nach passendem Zubehör Ausschau halten: Gibt es das für das von Ihnen favorisierte Modell? Oder sieht es da eher kläglich aus? Ist das Gerät so angelegt, dass Sie bereits vorhandenes feuerfestes Backrohrgeschirr verwenden können?

* Wattanzahl: Sie bewegt sich zwischen 1400 W und 2100 W für die größeren Modelle, bei kleineren kann es auch etwas weniger sein.

*Und – wie sieht sie aus, die Heißluftfritteuse? Vielleicht ist das für Sie ja auch ein wichtiges Kriterium: Wenn Sie stolz sind auf Ihre durchgestylte Küche, sollen sich die Geräte nicht unangenehm davon abheben. Von edel und schlank bis robust und funktionell haben sich die Designer so einiges einfallen lassen.

Tipps & Tricks

* Vorheizen – ja oder nein: Da gibt es sowohl von der einen wie auch von der anderen Fraktion überzeugte Vertreter. Wir halten es für sinnvoll, das Gerät etwa 2 bis 3 Minuten auf 170°C vorzuheizen, auch dann, wenn es nicht extra im Rezept verlangt wird.

* Die Fritteuse sollte auf der Arbeitsplatte auf einer hitzefesten Unterlage stehen. Einen weiteren hitzefesten Untersatz sollten Sie bereithalten als Unterlage für den Frittierkorb – wenn Sie ihn herausnehmen, ist er heiß und muss ja irgendwo abgestellt werden.

* Alle Formen, die Sie für das Backrohr benützen, funktionieren auch in der Heißluftfritteuse, z.B. auch Silikonformen.

* Lassen Sie das Gerät nicht dauernd eingeschaltet – das spart nicht nur Geld und freut die Umwelt, sondern erhöht auch die Lebensdauer des Geräts.

* Rechnen Sie damit, dass nicht alle Speisen ganz genau so schmecken wie aus der Ölfritteuse. Vor allem als Anfänger hat man auch noch nicht alle Tricks in petto, die zum gewünschten Ergebnis führen.

Eines gilt es auf jeden Fall zu beachten: Sie sollten, wenn Sie etwas knusprig haben wollen, nicht zu viel übereinanderlegen im Frittierkorb. Eine gewaltige Menge Pommes, wie man sie manchmal auf Produktfotos sieht, ist eher nicht in einem Durchgang zu bewältigen, wenn Sie sie wirklich kross haben möchten.

Auch wichtig für ein knuspriges Ergebnis: Gargut nach der halben Zeit wenden, bzw. bei kleinen Teilen durchrütteln oder durchrühren.

* Da sind wir dann auch schon beim Öl – ganz geringe Mengen davon sind bei den meisten Gerichten nötig. Um das Öl in einem hauchdünnen Film auftragen zu können, ist ein Ölspray die beste Alternative. Dieses gibt es fertig befüllt zu kaufen. Wer es lieber selbst machen möchte: Es werden auch leere Spraybehälter angeboten. Ist manchmal allerdings etwas knifflig, das passende Öl zu finden, das die Düse nicht verstopft.

* Welches Öl: Profis empfehlen Öle mit einem hohen Rauchpunkt, dazu gehört z.B. Avocadoöl, das gesund und geschmacksneutral ist. Auch raffiniertes Olivenöl gehört in diese Kategorie. Normales nicht raffiniertes Olivenöl fängt bei 180°C an, sich zu zersetzen und krebserregende Stoffe zu bilden.

* Verwendung von Zwischen-Rosten: Damit kann man sozusagen eine zweite Etage in der Heißluftfritteuse einziehen. Allerdings sollten dann immer Speisen miteinander gegart werden, die zusammenpassen – also Hähnchen und Gemüse zum Beispiel. Hähnchen auf der einen Ebene und auf der anderen süße Muffins zur gleichen Zeit ... das wird für etwas eigenwillige Ergebnisse sorgen, die die Geschmacksnerven nicht unbedingt begeistern. Die Ebenen sind ja nicht durch ein Zwischenteil voneinander getrennt, weshalb dann natürlich eine Speise von der anderen die Gerüche annimmt.

* Reinigung: simpel und erfreulich zeitsparend. Frittierkorb und Lade dürfen in die Geschirrspülmaschine, sind jedoch recht sperrig. Einfacher ist es, sie per Hand in der Spüle zu reinigen. Erst mit einem Küchentuch auswischen, danach mit einem milden Geschirrspülmittel und einem weichen Schwamm (wegen der Beschichtung) abwaschen.

Das Gehäuse freut sich über ein weiches Microfasertuch, das Tapser und Spritzer von seiner glänzenden Oberfläche entfernt.

ZUBEHÖR-BASICS

* Zange zum Herausheben von Backformen aus dem Frittierkorb, die sogenannte „Krokodilzange" – ist so gut wie unverzichtbar.

* Klappzange zum Herausnehmen von fertigem Gargut – eigentlich auch unverzichtbar

* Spießehalterung mit Spießen: Geht auch ohne, denn die Spieße können auf den Boden des Frittierkorbs gelegt und während des Bratens mehrmals umgedreht werden.

Ist jedoch eine nette Sache, die Umständlichkeiten erspart.

*Halterung für aufrecht stehendes Gargut wie z.B. Toastbrotscheiben

* Rost mit kurzen Beinchen, der auf den Boden des Frittierkorbs gestellt wird: Dient z.B. für das Brutzeln eines ganzen Huhns – die heiße Luft kommt dann auch von unten gut ran.

Rost mit etwas längeren Beinchen: kann als Zwischenrost beim Garen von zwei verschiedenen Speisen verwendet werden. Erste Lage Gargut wird auf den Boden des Frittierkorbs gelegt, dann kommt der Rost in die Fritteuse hinein, darauf kommt die zweite Lage Gargut.

* Backmatte und Backpapier für die Heißluftfritteuse: Gibt es in der bereits richtigen Größe für die jeweiligen Modelle. Sie haben im Unterschied zu Backrohrbackmatten Löcher, um die heiße Luft durchzulassen.

* Heißluftfritteuse-Backformen, flach für Pizza, Quiches ..., hoch für Kuchen und Torten

* Ölspray (siehe auch Tipps & Tricks) – praktisch unverzichtbar

Nun aber Schluss mit dem Theoretisieren - ein Rezept herausgesucht und ran ans Gerät!

REZEPTE

REZEPTE

FLEISCH, FISCH, HUHN

BASIS-REZEPTE FÜR HUHN, STEAK, SCHWEINEBAUCH UND PANIERTEN (GEBACKENEN) FISCH

Ganzes Huhn

ZUTATEN

- ✔ 1 ganzes Huhn (etwa 800 g, 3 Portionen)
- ✔ Achten Sie darauf, kein zu großes zu nehmen, es sollte etwa 2 bis 3 cm weniger hoch sein als der Rand des Frittierkorbs.
- ✔ Damit auch von unten ausreichend heiße Luft ans Huhn kommt, können Sie es auf einen Rost mit kleinen Füßchen legen (siehe „Zubehör“ in der Einleitung).
- ✔ ½ TL Salz
- ✔ 1 TL edelsüßer Paprika

NÄHRWERTE PRO PORTION:

539 kcal | 0 g Kohlehydrate | 74,4 g Eiweiß | 26,7 g Fett

ZUBEREITUNG:

1. Vermischen Sie Salz und Paprika und reiben Sie das Huhn rundum mit der Mischung ein.
2. Legen Sie das Huhn mit der Brustseite nach oben in den Frittierkorb.
3. Braten Sie das Huhn bei 180°C für 40 Minuten.

FLEISCH, FISCH, HUHN

Steak

ZUTATEN

- ✔ 2 Rumpsteaks oder anderes Steak Ihrer Wahl, pro Schnitte 200 g
- ✔ Salz und Pfeffer

NÄHRWERTE PRO PORTION:

329 kcal | 0,6 g Kohlehydrate | 57,2 g Eiweiß | 10,8 g Fett

ZUBEREITUNG:

1. 1) Salzen und pfeffern Sie die Steaks und legen sie nebeneinander in den Frittierkorb.
2. Braten Sie die Steaks bei 180°C für 8 Minuten. Die Steaks sind dann, je nach Dicke, etwa „medium".

Schweinebauch

ZUTATEN

- ✔ 4 Scheiben à 150 g Schweinbauch
- ✔ Salz und Pfeffer

NÄHRWERTE PRO PORTION:

483 kcal | 0,9 g Kohlehydrate | 26,7 g Eiweiß | 41,4 g Fett

ZUBEREITUNG:

Legen Sie die Schweinebauchscheiben nebeneinander in den Frittierkorb, würzen sie mit Salz und Pfeffer und braten sie bei 185°C etwa 20 Minuten.

Gebackener Fisch

ZUTATEN

- ✔ 4 aufgetaute TK-Fischfilets à 150 g (Seelachs)
- ✔ 2 Eier
- ✔ 6 EL Mehl
- ✔ 8 EL Paniermehl (Brösel)

NÄHRWERTE PRO PORTION:

204 kcal | 2,8 g Kohlehydrate | 23,8 g Eiweiß | 10,9 g Fett

ZUBEREITUNG:

1. Wälzen Sie die Filets erst in Mehl, dann in Ei, dann noch mal in Mehl und noch mal in Ei. Zuletzt umhüllen Sie die Filets mit dem Paniermehl.
2. Legen Sie die Filets nebeneinander in den Frittierkorb und besprühen sie mit Öl.
3. Braten Sie die Filets 5 Minuten bei 200°C, dann drehen Sie sie um und braten sie nochmals 5 Minuten.

LACHSFILETS MIT KRÄUTER-KÄSE-KRUSTE

ZUTATEN FÜR 2 PORTIONEN:

- ✔ 2 Lachsfilets mit Haut à 200 g
- ✔ 1 EL Butter für die Kräuter-Käse-Kruste
- ✔ 1 Zehe Knoblauch
- ✔ 2 EL geriebener Parmesan
- ✔ 6 Walnusskerne
- ✔ ½ Zitrone / Schale
- ✔ Gewürzmischung:
- ✔ Rosmarin, Thymian, Salbei, Salz, Pfeffer

NÄHRWERTE PRO PORTION:

293 kcal | 1,9 g Kohlehydrate | 25,3 g Eiweiß | 20,4 g Fett

ZUBEREITUNG:

1. Waschen Sie die Lachsfilets und tupfen sie trocken.
2. Fügen Sie die Gewürzmischung und den zerdrückten Knoblauch sowie den geriebenen Parmesan zur zimmerwarmen Butter hinzu.
3. Hacken Sie die Walnusskerne grob und reiben Sie die Zitronenschale ab. Rühren Sie beides zur Butter-Gewürzmischung.
4. Heizen Sie die Fritteuse auf 190°C vor.
5. Währenddessen verteilen Sie die Butter-Gewürzmischung auf der Fleischseite der Filets, drücken sie mit den Fingern etwas fest und legen beide Teile mit der Haut nach unten in den etwas eingeölten Frittierkorb.
6. Besprühen Sie den Fisch mit einem Hauch Öl.
7. Braten Sie den Lachs bei 190°C etwa 8 bis 10 Minuten.

HONIG-LACHSFILETS

ZUTATEN FÜR 4 FILETS:

- ✔ 4 Lachsfilets mit Haut à 120 g
- ✔ 2 EL Sojasoße
- ✔ 2 EL Honig

NÄHRWERTE PRO PORTION:

300 kcal | 9 g Kohlehydrate | 29,5 g Eiweiß | 16,3 g Fett

ZUBEREITUNG:

1. Verrühren Sie Honig und Sojasoße.
2. Marinieren Sie damit die Filets und lassen sie ½ Stunde ziehen.
3. Braten Sie die Filets bei 175°C für etwa 12 Minuten.

FISCH-MUFFINS

FLEISCH, FISCH, HUHN

ZUTATEN FÜR 6 STÜCK:

- ✔ 1 Pckg. Fertig-Blätterteig aus dem Kühlregal
- ✔ 2 Avocados
- ✔ 2 Schalotten
- ✔ etwas Zitronensaft
- ✔ 1 Dose Thunfisch im eigenen Saft
- ✔ Salz, Pfeffer

NÄHRWERTE STÜCK:

375 kcal | 18,2 g Kohlehydrate | 10,6 g Eiweiß | 27,7 g Fett

ZUBEREITUNG:

1. Schneiden Sie die Avocados auf und entfernen den Kern. Heben Sie das Fruchtfleisch mit einem Löffel heraus, zerdrücken es zu einer Paste und beträufeln es dann mit etwas Zitronensaft. Würzen Sie mit Salz und Pfeffer.
2. Rollen Sie den Teig aus und teilen ihn in 6 gleich große Rechtecke.
3. Kleiden Sie Muffin-Förmchen mit dem Teig aus.
4. Füllen Sie die Avocadocreme in die Teigschüsselchen ein.
5. Darauf verteilen Sie nun den Thunfisch und klappen die überstehenden Teigecken nach oben.
6. Backen Sie die Muffins 10 Minuten lang bei 170°C.

GARNELEN-SPIESSE MIT KNOBLAUCH-CHAMPIGNONS

ZUTATEN FÜR 4 SPIESSE:

- ✔ 12 Stk. ausgelöste Garnelen
- ✔ 150 g kleine Champignons
- ✔ 5 EL geschmolzene Butter
- ✔ 2 Zehen Knoblauch
- ✔ 2 Stängel frischer Koriander
- ✔ ½ TL Chilipulver
- ✔ Salz und Pfeffer

NÄHRWERTE PRO SPIESS (3 GARNELEN):

181 kcal | 2,1 g Kohlehydrate | 16,5 g Eiweiß | 11,6 g Fett

ZUBEREITUNG:

1. Für die Marinade drücken Sie die Knoblauchzehen durch die Knoblauchpresse und vermischen sie mit der geschmolzenen Butter.
2. Hacken Sie den Koriander sehr fein und rühren ihn mit etwas Salz und Pfeffer und dem Chilipulver zur Marinade.
3. Stecken Sie jeweils 3 Garnelen auf einen Holzspieß.
4. Bestreichen Sie die Garnelen von allen Seiten mit der Marinade.
5. Wälzen Sie die Champignons in der restlichen Marinade.
6. Legen Sie die Spieße nebeneinander in den Frittierkorb, dazwischen die Champignons und braten alles zusammen 8 Minuten bei 185°C.

SCHWEINEKRUSTENBRATEN

ZUTATEN FÜR 3 PORTIONEN:

- ✔ 600 g Schweineschopf
- ✔ 1 Bund Suppengrün
- ✔ 1 Zwiebel
- ✔ 1 Lorbeerblatt
- ✔ 150 ml Gemüse- oder Rinderbrühe
- ✔ einige EL Bier (optional)

Würzpaste:

- ✔ 1 EL Knoblauchpulver
- ✔ 1 EL Rosmarin gemahlen
- ✔ 1 EL gemahlene Kürbiskerne
- ✔ 1 EL frisch gemahlener schwarzer Pfeffer
- ✔ 1 TL Salz
- ✔ 1 TL edelsüßer Paprika
- ✔ 1 EL Pflanzenöl

NÄHRWERTE PRO PORTION:

521 kcal | 4,6 g Kohlehydrate | 45 g Eiweiß | 35,1 g Fett

ZUBEREITUNG:

1. Schneiden Sie die Schwarte auf dem Fleisch kreuz und quer ein (Karomuster).
2. Putzen Sie das Suppengemüse und schneiden es in nicht zu große Stücke, verfahren Sie ebenso mit der Zwiebel.
3. Vermischen Sie die trockenen Zutaten für die Kruste und rühren das Öl unter. Diese Mischung massieren Sie nun in das Fleisch rundum ein, wobei Sie auch die Krusteneinschnitte mit der Paste gut einreiben.
4. Gießen Sie in die Backform der Heißluftfritteuse etwa die Hälfte der Brühe und setzen den Braten mit der Kruste nach oben hinein. Dazu hinein kommen das Suppengemüse und die Zwiebel.
5. Braten Sie das Fleisch 45 Minuten bei 180°C, gießen Sie immer mal wieder mit der Brühe auf.
6. Dann träufeln Sie noch mal mit einem Löffel etwas Brühe und evtl. etwas Bier (optional) über die Kruste, die restliche zurückbehaltene Brühe wird zum Gemüse gegossen.
7. Nun braten Sie das Fleisch noch mal 15 Minuten bei 180°C.
8. Regeln Sie nun die Temperatur auf 75°C herunter, um das Fleisch warmzuhalten, bis Sie die Soße fertiggestellt haben.
9. Für die Soße pürieren Sie das mitgegarte Gemüse. Sollte die Soße zu dünn sein, können Sie sie mit etwas Mehlbutter binden.

BURGER-SCHMAUS

FLEISCH, FISCH, HUHN

ZUTATEN FÜR 4 PORTIONEN:

- ✔ 500 g Hackfleisch vom Rind
- ✔ ½ altbackenes Brötchen
- ✔ 1 Ei
- ✔ 1 kleine Zwiebel
- ✔ 1 Zehe Knoblauch
- ✔ 1 EL Senf
- ✔ 1 TL edelsüßes Paprikapulver
- ✔ ½ TL Thymian
- ✔ 4 Burgerbrötchen
- ✔ 4 Scheiben Cheddar
- ✔ Salz und Pfeffer

Burger-Soße:

- ✔ 1 EL Mayonnaise
- ✔ 1 EL Tomatenketchup
- ✔ 1 kleine Gewürzgurke
- ✔ 1 TL scharfer Senf
- ✔ 1 Prise edelsüßes Paprikapulver
- ✔ 1 Prise Knoblauchpulver
- ✔ 1 Prise Zwiebelpulver
- ✔ einige Tropfen Worcestersoße (optional)

Garnitur:

- ✔ 2 große Gewürzgurken
- ✔ 1 Zwiebel

NÄHRWERTE PRO PORTION:

546 kcal | 31,6 g Kohlehydrate | 33,2 g Eiweiß | 31,3 g Fett

ZUBEREITUNG:

1. Weichen Sie das altbackene Brötchen in warmes Wasser ein und lassen es aufquellen.
2. Währenddessen hacken Sie die Zwiebel fein und drücken den Knoblauch durch die Knoblauchpresse.
3. Drücken Sie das Brötchen gut aus und vermengen es gemeinsam mit Zwiebel und Knoblauch mit dem Hackfleisch. Weiters fügen Sie Salz und Pfeffer, Thymian und Paprikapulver hinzu, rühren das Ei und zuletzt den Senf unter. Verkneten und vermischen Sie alles gut, sodass ein fester Fleischteig entsteht. Sollte die Masse nicht fest genug sein, können Sie noch etwas Paniermehl hinzufügen.
4. Formen Sie aus der Masse 4 flache Patties und braten sie 6 Minuten bei 180°, danach umdrehen und auf der anderen Seite ebenfalls 6 Minuten braten.
5. In der Zwischenzeit hacken Sie die Gewürzgurken sehr fein.
6. Verrühren Sie die Soßenzutaten und mischen Sie die kleingehackte Gewürzgurke unter.
7. Schneiden Sie für die Garnitur die Gewürzgurken in Scheiben, die Zwiebel in Ringe.
8. Schneiden Sie die Burgerbrötchen auf und streichen Sie sie auf den Innenseiten mit der Burger-Soße ein.
9. Nun legen Sie auf jede Brötchen-Unterhälfte einige Zwiebelringe, danach ein Patty, darauf eine Scheibe Cheddar und zuletzt einige Gewürzgurkenscheiben. Setzen Sie die zweite Brötchenhälfte obenauf.
10. Backen Sie die Burger in der Fritteuse noch mal bei 160°C für etwa 2 Minuten, bis der Käse geschmolzen ist.

GEFÜLLTE ZWIEBELN

ZUTATEN FÜR 4 PORTIONEN:

- ✔ 4 Gemüsezwiebeln
- ✔ 30 g Butter
- ✔ 50 g geriebener Emmentaler
- ✔ 200 g Hackfleisch
- ✔ 1 kleine Zwiebel
- ✔ 30 g Paniermehl (Brösel)
- ✔ 1 TL Majoran
- ✔ Salz und Pfeffer

NÄHRWERTE PRO PORTION:

333 kcal | 17,8 g Kohlehydrate | 17,1 g Eiweiß | 20,6 g Fett

ZUBEREITUNG:

1. Schälen Sie die Gemüsezwiebeln und kochen sie kurz in Salzwasser, jedoch nicht zu weich, sie sollen noch „Stand" haben.
2. Währenddessen reiben Sie die kleine Zwiebel fein, vermischen sie mit dem Hackfleisch, fügen das Paniermehl und den Majoran hinzu, salzen und pfeffern die Masse.
3. Schneiden Sie von den Gemüsezwiebeln oben eine „Kappe" ab und höhlen sie aus.
4. Füllen Sie die Zwiebeln mit der Hackfleischmasse und setzen sie in den Frittierkorb.
5. Braten Sie die Zwiebeln bei 175°C für 20 Minuten.
6. Danach bestreuen Sie die Zwiebeln mit dem geriebenen Käse und überbacken sie noch mal so lange, bis der Käse geschmolzen und goldgelb ist.

GEBACKENE HÄHNCHENSCHNITZEL

ZUTATEN FÜR 6 PORTIONEN:

- ✔ 6 Hähnchenschnitzel
- ✔ 150 ml Buttermilch (ersatzweise Vollmilch mit ½ TL Essig)

Für die Panade:

- ✔ 6 EL Mehl
- ✔ 6 EL Panko (japanisches Paniermehl, ersatzweise Brösel)
- ✔ 1 EL Paprikapulver
- ✔ ½ EL Knoblauchpulver
- ✔ ½ TL Oregano
- ✔ ½ TL gemahlener Ingwer
- ✔ ½ TL Selleriesalz
- ✔ ½ TL Backpulver
- ✔ ¼ TL Salz

NÄHRWERTE PRO PORTION:

346 kcal | 16,8 g Kohlehydrate | 52,9 g Eiweiß | 7,1 g Fett

ZUBEREITUNG:

1. Geben Sie die Hähnchenschnitzel in eine Schüssel, übergießen sie mit der Buttermilch und lassen sie eine halbe Stunde im Kühlschrank marinieren.
2. In der Zwischenzeit bereiten Sie die Panade vor, indem Sie alle Zutaten gut vermischen.
3. Besprühen Sie den Frittierkorb mit ein wenig Öl und heizen Sie die Fritteuse auf 200°C vor.
4. Panieren Sie die Hähnchenschnitzel mit der vorbereiteten Panade und legen sie in den Frittierkorb, sprühen Sie auch über die Schnitzel noch mal etwas Öl.
5. Regeln Sie nun die Temperatur auf 185°C herunter und braten die Schnitzel zunächst 6 Minuten, dann drehen Sie sie um, besprühen sie auch auf der Rückseite mit ein wenig Öl und braten sie weitere 6 Minuten.

ZWIEBEL-HÄHNCHEN

FLEISCH, FISCH, HUHN

ZUTATEN FÜR 2 PORTIONEN:

- ✔ 2 Hühnerbrustfilets à 150g
- ✔ 2 große Zwiebeln
- ✔ ½ TL gemahlener Rosmarin
- ✔ ½ TL Zwiebelpulver
- ✔ eine Prise edelsüßes Paprikapulver
- ✔ Salz und Pfeffer
- ✔ etwas Pflanzenöl

NÄHRWERTE PRO PORTION:

183 kcal | 3,9 g Kohlehydrate | 34 g Eiweiß | 3,1 g Fett

ZUBEREITUNG:

1. Schneiden Sie die Filets in mundgerechte Streifen und legen sie in die Fritteuse.
2. Schneiden Sie die Zwiebel in feine Ringe und legen sie auf das Hühnerfleisch.
3. Würzen Sie nun mit Salz, Pfeffer, Rosmarin, Paprika und Zwiebelpulver.
4. Sprühen Sie etwas Öl über Fleisch und Zwiebeln.
5. Braten Sie das Gericht etwa 10 bis 15 Minuten lang, wobei Sie ab und an die Lade öffnen und gut umrühren.

HÄHNCHEN-BURRITOS

ZUTATEN FÜR 3 PORTIONEN:

- ✔ 3 Tortillafladen (Fertigprodukt)
- ✔ 1 Dose Kidneybohnen
- ✔ 1 Dose Mais
- ✔ 500 g gekochtes Hähnchenfleisch
- ✔ 3 EL BBQ-Soße nach Wahl
- ✔ ein Spritzer Zitronensaft
- ✔ 3 EL geriebener Käse
- ✔ 3 EL Crème fraîche

NÄHRWERTE PRO PORTION:

570 kcal | 55,2 g Kohlehydrate | 51,9 g Eiweiß | 12,6 g Fett

ZUBEREITUNG:

1. Zerkleinern Sie das gekochte Hähnchenfleisch und mischen es mit Bohnen und Mais.
2. Rühren Sie die BBQ-Sauce unter und würzen mit etwas Zitronensaft. Vermischen Sie alles gut miteinander.
3. Verteilen Sie die Masse in der Mitte der Tortillafladen, sodass etwa 1/3 der Fläche bedeckt ist und bestreuen Sie sie mit je 1 EL geriebenem Käse.
4. Streichen Sie den oberen Rand der Fladen mit etwas Crème fraîche ein, falten die Fladen zu einer Rolle zusammen und drücken diese etwas flach.
5. Besprühen Sie den Frittierkorb mit etwas Öl und legen Sie die gefüllten Tortillas ein, besprühen Sie auch diese mit ein wenig Öl.
6. Backen Sie die Tortillas bei 175°C etwa 6 Minuten lang, wobei Sie sie nach der halben Backzeit umdrehen.

HÄHNCHEN IM GEMÜSEBETT

FLEISCH, FISCH, HUHN

ZUTATEN FÜR 4 PORTIONEN:

- ✔ 2 Hähnchenbrustfilets
- ✔ 4 EL Pflanzenöl
- ✔ 3 Zehen Knoblauch
- ✔ 2 EL Sojasoße
- ✔ 2 EL Honig
- ✔ 1 Zucchini
- ✔ je 1 rote und gelbe Paprikaschote
- ✔ 2 große Kartoffeln
- ✔ Salz und Pfeffer

NÄHRWERTE PRO PORTION:

294 kcal | 15 g Kohlehydrate | 27,6 g Eiweiß | 12,9 g Fett

ZUBEREITUNG:

1. Schneiden Sie die Hähnchenbrustfilets in 8 etwa gleich große Stücke.
2. Drücken Sie den Knoblauch durch die Knoblauchpresse und rühren ihn mit dem Honig und der Sojasoße ins Öl. Salzen und pfeffern Sie die Mischung und verrühren sie sehr gut, am besten mit der Schneerute.
3. Legen Sie die Hähnchenfleischstücke in die Marinade ein und stellen Sie sie vorerst zur Seite.
4. Waschen Sie die Kartoffeln gut und schneiden sie mit der Schale in kleine Würfel.
5. Putzen Sie Zucchini und Paprikaschoten und schneiden Sie ebenfalls in mundgerechte Stücke.
6. Besprühen Sie den Frittierkorb mit etwas Öl, legen das Gemüse ein und besprühen es ebenfalls mit ein wenig Öl. Obenauf legen Sie die Hähnchenfilets und gießen dann die restliche Marinade über Gemüse und Fleisch.
7. Braten Sie alles zusammen etwa 15 Minuten bei 175°C, wobei Sie die Filets nach der halben Zeit umdrehen.
8. Nehmen Sie nun die Filets heraus und stellen sie warm.
9. Regeln Sie die Temperatur der Heißluftfritteuse auf 160°C herunter und braten Sie das Gemüse weitere 6 Minuten.
10. Servieren Sie die Hähnchenfilets zusammen mit dem Gemüse.

BUNTE STEAKSTREIFEN

ZUTATEN FÜR 2 PORTIONEN:

- ✔ 2 große Sirloin-Steaks ohne Knochen
- ✔ je 1 roter, grüner und gelber Paprika
- ✔ 1 große weiße Zwiebel
- ✔ 1 kleine rote Zwiebel

Marinade:

- ✔ 2 EL Zitronensaft
- ✔ 2 EL Öl
- ✔ 2 EL Sojasoße
- ✔ je ½ TL Kreuzkümmel, Chilipulver, Oregano
- ✔ eine gute Prise schwarzer Pfeffer
- ✔ 5 Zehen Knoblauch

NÄHRWERTE PRO PORTION:

427 kcal | 15,2 g Kohlehydrate | 60,8 g Eiweiß | 11,7 g Fett

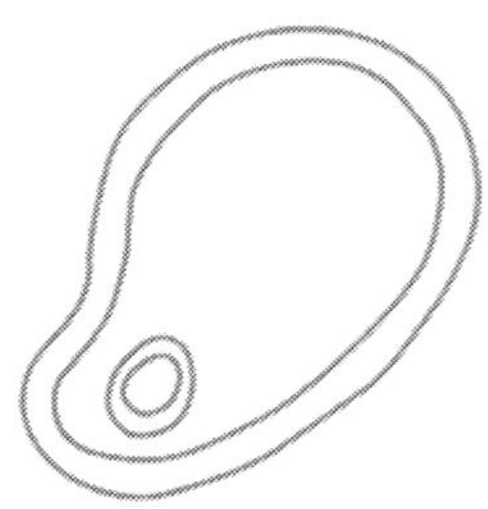

ZUBEREITUNG:

1. Schneiden Sie die Steaks quer zur Faser in schmale Streifen.
2. Schneiden Sie die Paprikaschoten und die Zwiebeln in mundgerechte Stücke.
3. Für die Marinade drücken Sie den geschälten Knoblauch durch die Knoblauchpresse und vermischen ihn gemeinsam mit Zitronensaft und den Gewürzen mit Öl, mischen Sie die Marinade gut durch.
4. Legen Sie Fleisch und Gemüse in die Marinade ein und lassen alles mindestens eine halbe Stunde, maximal 24 Stunden, ziehen.
5. Heizen Sie die Heißluftfritteuse auf 200°C für etwa 5 Minuten vor – der Frittierkorb soll heiß sein.
6. Füllen Sie die Gemüse-Fleisch-Mischung in den Frittierkorb und regeln Sie die Temperatur auf 180°C herunter.
7. Braten Sie die Mischung etwa 15 Minuten, wobei Sie sie nach der halben Zeit einmal gut durchrühren.

   Passt gut zu Reis oder als Füllung in Tortillafladen.

DEFTIGER ROSTBRATENTOPF

ZUTATEN FÜR 4 PORTIONEN:

- ✔ 1 kg gekochte Kartoffeln
- ✔ 1 TL Öl
- ✔ 2 Zwiebeln
- ✔ 250 g Champignons
- ✔ 1 EL frischer Rosmarin
- ✔ 1 EL frischer Thymian
- ✔ 200 g Speck im Ganzen
- ✔ 4 dicke Scheiben Rostbraten
- ✔ Salz und Pfeffer

NÄHRWERTE PRO PORTION:

551 kcal | 45,3 g Kohlehydrate | 44 g Eiweiß | 19,8 g Fett

ZUBEREITUNG:

1. Schneiden Sie die gekochten Kartoffeln in mundgerechte Würfel und braten sie, mit 1 TL Öl besprüht, bei 200°C für 10 Minuten.
2. In der Zwischenzeit putzen Sie die Champignons und schneiden sie blättrig. Hacken Sie die Zwiebeln klein und schneiden Sie den Speck in Streifen.
3. Fügen Sie zu den gebratenen Kartoffeln die Champignons, die Zwiebeln, Rosmarin und Thymian sowie den in Streifen geschnittenen Speck hinzu, würzen Sie mit Salz und Pfeffer. Braten Sie alles zusammen 7 Minuten bei 200°C.
4. Heben Sie die Kartoffeln heraus und stellen sie beiseite.
5. Legen Sie die Rostbratenstücke auf die anderen Zutaten in den Frittierkorb und besprühen sie mit etwas Öl. Braten Sie alles zusammen 10 Minuten bei 200°C.
6. Zuletzt geben Sie die Kartoffeln wieder zu den anderen Zutaten in den Frittierkorb und braten den Rostbratentopf noch mal 1 bis 2 Minuten.

RIBEYE-STEAK MIT KNOBLAUCHBUTTER

ZUTATEN FÜR 2 STEAKS:

- ✔ 2 Ribeye-Steaks, gut durchzogen, je etwa 200 g
- ✔ 2 EL grobes Meersalz
- ✔ frisch gemahlener schwarzer Pfeffer
- ✔ Knoblauchpulver
- ✔ geräuchertes Paprikapulver
- ✔ Zwiebelpulver

Kräuterbutter:

- ✔ 100 g zimmerwarme Butter
- ✔ 1 TL zerdrückter Knoblauch
- ✔ 1 Schalotte
- ✔ einige Blättchen frische Petersilie

NÄHRWERTE PRO PORTION:

775 kcal | 1,9 g Kohlehydrate | 40,6 g Eiweiß | 67,1 g Fett

FLEISCH, FISCH, HUHN

ZUBEREITUNG:

1. Bestreuen Sie beide Steaks rundum mit Meersalz, legen sie auf einen Kuchenrost, darunter einen Teller, um den abtropfenden Fleischsaft aufzufangen, und lassen sie über Nacht im Kühlschrank stehen („Dry brining").
2. Etwa eine Stunde vor der Weiterverarbeitung holen Sie die Steaks aus dem Kühlschrank und bestreuen sie zunächst mit frischem schwarzen Pfeffer, danach mit Knoblauchpulver und geräuchertem Paprikapulver und zuletzt mit dem Zwiebelpulver.
3. Heizen Sie die Heißluftfritteuse auf 200°C vor. Sobald sie diese Temperatur erreicht hat, legen Sie die Steaks in den heißen Frittierkorb.
4. Braten Sie die Steaks 8 Minuten lang.
5. Währenddessen bereiten Sie die Kräuterbutter zu: Hacken Sie die Schalotte und die Petersilie sehr fein und verrühren beides und den zerdrückten Knoblauch mit der Butter.
6. Um sicherzugehen, können Sie die Kerntemperatur der Steaks messen, sie sollte etwa 57°C betragen.
7. Bestreichen Sie die Steaks mit der Kräuterbutter und lassen sie vor dem Servieren 10 Minuten ruhen.

CHAMPIGNONS AU FROMAGE

ZUTATEN FÜR 2 PORTIONEN:

- ✔ 250 g Champignons, Stiele weggeschnitten
- ✔ 100 g durchzogener Speck, in nicht zu dicke Scheiben geschnitten
- ✔ 100 g geriebener Emmentaler
- ✔ ½ Bund Petersilie, fein gehackt
- ✔ Salz und Pfeffer

NÄHRWERTE PRO PORTION:

389 kcal | 1,3 g Kohlehydrate | 26,5 g Eiweiß | 30,4 g Fett

ZUBEREITUNG:

1. Legen Sie eine feuerfeste Form, die in die Heißluftfritteuse passt, mit den Speckscheiben aus und braten sie 5 Minuten bei 160°C.
2. Vermischen Sie die gehackte Petersilie mit dem geriebenen Käse.
3. Setzen Sie die Champignonköpfe mit der Unterseite nach oben dicht an dicht auf den gebratenen Speck und bestreuen sie mit der Käsemischung.
4. Braten Sie die Käsepilze bei 150°C etwa 7 bis 8 Minuten.

Tipp: Die Champignonstiele können Sie für den Pilze-Dip (Rezept in diesem Kochbuch bei Dips & Aufstriche) verwenden.

PIZZAROLLE

ZUTATEN FÜR 2 PORTIONEN:

- ✔ 1 Pckg. Hefeteig aus dem Kühlregal
- ✔ 3 EL Tomatenketchup
- ✔ 4 Scheiben Salami
- ✔ 2 Scheiben Schinken
- ✔ 4 Scheiben Cheddar
- ✔ 2 EL geriebener Emmentaler
- ✔ einige Blättchen frischer Spinat
- ✔ ½ Zwiebel, in Ringe geschnitten
- ✔ 2 EL geschmolzene Butter

NÄHRWERTE PRO PORTION:

492 kcal | 8,2 g Kohlehydrate | 38 g Eiweiß | 33,7 g Fett

ZUBEREITUNG:

1. Rollen Sie den Hefeteig aus und bestreichen Sie die Teigplatte mit Tomatenketchup. Belegen Sie sie mit Salami, Schinken, Käse ... Der Belag kann ganz nach Vorliebe gestaltet werden. Achtung: Lassen Sie den Rand der Teigplatte frei!
2. Bestreichen Sie den freien Rand mit etwas geschmolzener Butter und rollen Sie den Teig auf, die Enden werden etwas eingeschlagen, damit nichts von der Füllung ausrinnen kann.
3. Legen Sie die Rolle diagonal in den Frittierkorb und schneiden sie mit einem spitzen Messer vorsichtig drei oder vier Mal schräg ein.
4. Bepinseln Sie die Rolle mit etwas geschmolzener Butter und backen sie bei 175°C etwa 10 bis 12 Minuten.

SCHINKEN-SPECK-DARRONE

ZUTATEN FÜR 4 PORTIONEN:

- ✔ 100 g Schinken im Ganzen
- ✔ 50 g Speck
- ✔ 4 Eier
- ✔ 60 ml Milch
- ✔ 50 g geraffelter Cheddar

NÄHRWERTE PRO PORTION:

221 kcal | 1,6 g Kohlehydrate | 17,5 g Eiweiß | 16,2g Fett

ZUBEREITUNG:

1. Würfeln Sie den Schinken und den Speck und braten beides 5 Minuten bei 175°C.
2. Währenddessen mischen Sie die Eier mit der Milch.
3. Wenn Schinken und Speck gebraten sind, sprühen Sie einen hauchdünnen Ölfilm in eine Backform, geben Sie Schinken und Speck hinein und übergießen sie mit der Ei-Milch-Mischung.
4. Stellen Sie die Form in die Heißluftfritteuse und braten die Darrone 7 Minuten bei 175°C.
5. Öffnen Sie die Heißluftfritteuse-Lade und rühren die Darrone durch, dann schließen Sie die Lade wieder und braten das Gericht weitere 3 Minuten.
6. Danach bestreuen Sie die Darrone mit dem geraffelten Cheddar und braten sie noch mal 1 bis 2 Minuten, bis der Käse geschmolzen ist.

   Dazu passen die Kräuterbrötchen (Rezept in diesem Kochbuch bei „Für den kleinen Hunger“).

SCHINKEN-KÄSEFLADEN

ZUTATEN FÜR 1 FLADEN / 4 PORTIONEN:

- ✔ 100 g Feta
- ✔ 100 g Schinken im Ganzen
- ✔ 2 Eier
- ✔ 120 ml Buttermilch
- ✔ 120 ml Öl
- ✔ 200 g Mehl
- ✔ ½ Päckchen Backpulver
- ✔ ½ TL Salz
- ✔ 2 TL Kümmel im Ganzen

NÄHRWERTE PRO PORTION:

332 kcal | 37,7 g Kohlehydrate | 17,7 g Eiweiß | 11,9 g Fett

ZUBEREITUNG:

1. Würfeln Sie den Schinken fein und zerdrücken Sie den Feta.
2. Verrühren Sie die verquirlten Eier mit der Buttermilch und dem Öl und fügen Schinkenwürfel und Feta hinzu.
3. Mischen Sie das Mehl mit dem Backpulver und dem Salz, verarbeiten Sie es mit der Milch-Eiermischung zu einem glatten, geschmeidigen Teig.
4. Besprühen Sie die Backform mit einem Hauch Öl, füllen den Teig ein und streichen die Oberfläche glatt. Bestreuen Sie den Fladen mit Kümmel.
5. Backen Sie den Fladen bei 165°C etwa 10 Minuten, dann drehen Sie ihn um und backen ihn noch mal 10 bis 12 Minuten, bis er goldgelb ist.

   Schmeckt am besten ganz frisch und noch warm!

FÜR DEN KLEINEN HUNGER / BEILAGEN

THYMIAN-EIER-TOAST / VEGETARISCH

ZUTATEN FÜR 2 STÜCK:

- ✔ 2 Scheiben Toastbrot
- ✔ 2 Eier
- ✔ etwas frischer gehackter Thymian
- ✔ Salz und Pfeffer

Thymianbutter:

- ✔ 40 g zimmerwarme Butter
- ✔ Thymian – frisch oder getrocknet
- ✔ eine Prise Knoblauchpulver
- ✔ eine Prise Salz

NÄHRWERTE PRO PORTION:

267 kcal | 10,2 g Kohlehydrate | 6,4 g Eiweiß | 22,2 g Fett

ZUBEREITUNG:

1. Heizen Sie die Heißluftfritteuse auf 165°C vor.
2. Schneiden Sie mit einer Tasse in die Toastbrotscheiben „Löcher".
3. Besprühen Sie die Toastbrotscheiben hauchdünn mit Öl.
4. Nach dem Vorheizen der Heißluftfritteuse kleiden Sie den Frittierkorb mit passend zugeschnittenem Backpapier aus und legen sowohl die „gelochten" Scheiben wie auch die herausgeschnittenen Teile nebeneinander auf.
5. Schlagen Sie in jedes der „Löcher" ein Ei, streuen etwas Thymian darüber, salzen und pfeffern es.
6. Braten Sie die Eiertoasts etwa 6 bis 7 Minuten bei 165°C. Probieren Sie danach, ob die Eier bereits fest genug sind, um die Toasts umzudrehen.
7. Drehen Sie die Toasts um und braten sie noch mal etwa 3 bis 5 Minuten (je nach gewünschter Ei-konsistenz).
8. Zum Servieren legen Sie je einen Eiertoast auf einen Teller, dazu das knusprig gebackene herausgeschnittene Toastteil und etwas Thymianbutter.

JOGHURT-RINGBRÖTCHEN / VEGETARISCH

ZUTATEN FÜR 4 STÜCK:

- ✔ 250 g griechischer Joghurt
- ✔ 125 g Mehl
- ✔ 2 TL Backpulver
- ✔ ¼ TL Salz
- ✔ 1 Ei
- ✔ Sesam, Leinsamen, Mohn, Sonnenblumenkerne … zum Bestreuen

NÄHRWERTE PRO PORTION:

132 kcal | 22,3 g Kohlehydrate | 6,6 g Eiweiß | 1,6 g Fett

ZUBEREITUNG:

1. Vermischen Sie Mehl, Salz und Backpulver in einer Schüssel und arbeiten den Joghurt nach und nach ein, bis ein gut formbarer, jedoch nicht zu fester Teig entstanden ist. Sollte er zu trocken sein, können Sie noch etwas Joghurt hinzufügen.
2. Teilen Sie den Teig in 4 Portionen und formen Sie diese auf einer bemehlten Fläche zu Kringeln, indem Sie eine Rolle zum Ring zusammenbiegen.
3. Geben Sie eine Heißluftfritteuse-Backmatte in den Frittierkorb, besprühen sie hauchdünn mit Öl und legen die vier Ringbrötchen darauf.
4. Verquirlen Sie das Ei mit 1 TL Wasser und bestreichen Sie die Brötchen damit.
5. Bestreuen Sie die Kringel mit Saaten nach Belieben.
6. Backen Sie die Brötchen zunächst 10 Minuten bei 150°C, danach drehen Sie sie vorsichtig um und backen sie weitere 5 Minuten. Falls Sie die Brötchen etwas dunkler wollen, können Sie sie weitere 2 Minuten backen.

   Die Joghurt-Ringbrötchen schmecken am besten noch warm direkt aus der Heißluftfritteuse.

SÜSSE TOAST-STICKS / VEGETARISCH

ZUTATEN FÜR 2 PORTIONEN:

- ✔ 4 große und extradicke (etwa 2 cm) Toastbrotscheiben
- ✔ (alternativ in 2 cm dicke Scheiben geschnittene Brötchen oder Weißbrotscheiben)
- ✔ 2 Eier
- ✔ 2 EL geschmolzene Butter
- ✔ 150 ml Vollmilch
- ✔ ½ TL Vanilleextrakt oder 1 Pckg. Vanillezucker
- ✔ ½ EL brauner Zucker
- ✔ ½ TL Zimt

Topping:

- ✔ 2 EL Ahornsirup oder Honig
- ✔ etwas Staubzucker
- ✔ geschlagene Sahne (optional)

NÄHRWERTE PRO PORTION (OHNE SAHNE):

430 kcal | 53,3 g Kohlehydrate | 12,2 g Eiweiß | 18,3 g Fett

ZUBEREITUNG:

1. Schneiden Sie die Toastscheiben in jeweils 3 Streifen, bzw. Brötchen oder Weißbrot in insgesamt 10 bis 12 Streifen.
2. Legen Sie die Streifen nebeneinander in den Frittierkorb und backen sie für etwa 2 Minuten bei 175°C.
3. Verquirlen Sie die Eier mit der Milch und der geschmolzenen Butter, fügen Sie Zucker, Vanille und Zimt hinzu und schlagen die Mischung mit der Schneerute gut durch.
4. Tauchen Sie die Sticks in die Mischung und legen sie nebeneinander in den Frittierkorb. Optional können Sie die Sticks vor dem Backen noch mal mit ein wenig Zimt-Zucker-Mischung bestreuen.
5. Backen Sie die Sticks bei 175°C 8 Minuten, dann drehen Sie sie um und backen sie weitere 4 Minuten. Wenn Sie die Sticks noch etwas knuspriger wollen, backen Sie sie weitere 1 bis 2 Minuten.
6. Zum Servieren beträufeln Sie die Sticks mit Ahornsirup (Honig) und bestreuen sie mit ein wenig Staubzucker.

ZUCCHINI-LAUCH-MUFFINS / VEGETARISCH

ZUTATEN FÜR 6 STÜCK:

- ✔ 1 kleine Zucchini
- ✔ 1 kleine Stange Lauch
- ✔ 1 EL Olivenöl
- ✔ 50 g Schafkäse
- ✔ 125 g Mehl
- ✔ ½ Pckg. Backpulver
- ✔ 125 ml Vollmilch-Joghurt oder Buttermilch
- ✔ 2 kleine Eier
- ✔ Salz, Pfeffer, Rosmarin

NÄHRWERTE PRO STÜCK:

155 kcal | 17,4 g Kohlehydrate | 6,8 g Eiweiß | 6,1 g Fett

ZUBEREITUNG:

1. Schneiden Sie die Zucchini und den Lauch in Stückchen bzw. Ringe.
2. Legen Sie das Gemüse in den Frittierkorb und besprühen es hauchdünn mit etwas Öl. Braten Sie Zucchini und Lauch etwa 5 Minuten bei 180°C.
3. Zerbröseln Sie den Schafkäse.
4. Verrühren Sie die Eier mit dem Joghurt.
5. Arbeiten Sie das mit Backpulver vermischte Mehl in die Joghurt-Eier-Mischung ein.
6. Heben Sie das vorgegarte Gemüse und den Schafkäse unter, würzen Sie mit Salz, Pfeffer und Rosmarin.
7. Füllen Sie den fertigen Teig in Muffinförmchen.
8. Regeln Sie die Temperatur auf 160°C herunter und backen die Muffins etwa 10 Minuten, bis sie goldgelb sind.

SPINAT-QUICHE / VEGETARISCH

ZUTATEN FÜR 2 PORTIONEN:

- ✔ 3 Eier
- ✔ 100 g Blattspinat
- ✔ 1 feste Tomate
- ✔ 30 g geriebener Cheddar
- ✔ 30 g geriebener Parmesan
- ✔ 80 ml Milch
- ✔ Salz, Pfeffer, Muskatnuss (gemahlen)

NÄHRWERTE PRO PORTION:

279 kcal | 6,1 g Kohlehydrate | 19 g Eiweiß | 19,5 g Fett

ZUBEREITUNG:

1. Schneiden Sie den Stielansatz aus der Tomate und schneiden Sie sie in kleine Würfel.
2. Überbrühen Sie den Spinat kurz mit kochendem Wasser, lassen ihn abtropfen und schneiden ihn in Streifen.
3. Verquirlen Sie die Eier mit der Milch, würzen Sie sie mit Salz, Pfeffer und einer Prise Muskatnuss.
4. Sprühen Sie einen hauchdünnen Ölfilm in eine Heißluftfritteuse-Backform.
5. Verteilen Sie den überbrühten Spinat und die gewürfelte Tomate in der Form, darüber streuen Sie Cheddar und Parmesan.
6. Gießen Sie die Milch-Ei-Mischung darüber und verteilen sie so, dass alles damit bedeckt ist.
7. Backen Sie die Quiche in der nicht vorgeheizten Heißluftfritteuse bei 175°C für 12 Minuten.

KÜRBIS-FRITTEN / VEGAN

ZUTATEN FÜR 1 PORTION:

- ✔ 1 kleiner Butternut-Kürbis
- ✔ 1 TL Öl
- ✔ Salz, Pfeffer

NÄHRWERTE PRO PORTION:

229 kcal | 40,8 g Kohlehydrate | 5,1 g Eiweiß | 4,5 g Fett

ZUBEREITUNG:

1. Schälen Sie den Kürbis und schneiden Sie ihn in Streifen etwa in der Größe von Pommes Frites.
2. Vermischen Sie die Kürbis-Stäbchen mit etwas Öl, Salz und Pfeffer.
3. Braten Sie die Kürbisfritten 18 Minuten bei 200°C.

FÜR DEN KLEINEN HUNGER / BEILAGEN

KNUSPRIGE ZUCCHINI-STICKS / VEGETARISCH

FÜR DEN KLEINEN HUNGER / BEILAGEN

ZUTATEN FÜR 2 PORTIONEN:

- ✔ 1 mittelgroße Zucchini
- ✔ 60 g Panko (japanisches Paniermehl) oder Paniermehl
- ✔ 60 g geriebener Parmesan
- ✔ 1 TL Öl
- ✔ 1 Ei
- ✔ ½ TL Knoblauchpulver
- ✔ Salz und Pfeffer

Dip:

- ✔ 125 g Joghurt
- ✔ 1 Zitrone / Schale und Saft
- ✔ Salz und Pfeffer

NÄHRWERTE PRO PORTION:

325 kcal | 26,9 g Kohlehydrate | 19,9 g Eiweiß | 14,8 g Fett

ZUBEREITUNG:

1. Putzen Sie die Zucchini, schneiden Sie sie der Länge nach in der Mitte auseinander und schneiden die Hälften wiederum in die Hälfte. Dann teilen Sie diese wiederum usw., bis Sie etwa 16 Sticks haben.
2. Schneiden Sie die Samenteile heraus.
3. Verquirlen Sie das Ei mit 1TL Wasser. Mischen Sie Panko (Paniermehl), Parmesan und Knoblauchpulver. Würzen Sie die Mischung mit Salz und Pfeffer.
4. Ziehen Sie die Zucchinisticks zuerst durch Ei, danach panieren Sie sie mit der vorbereiteten Panade.
5. Sprühen Sie den Frittierkorb hauchdünn mit Öl ein und schichten Sie die Sticks mit Abstand voneinander kreuz und quer in zwei Lagen hinein. Dennoch sollen die Sticks nicht zu eng liegen, damit die heiße Luft überall dazu kann.
6. Braten Sie die Sticks bei 200°C für etwa 10 Minuten.
7. Währenddessen verrühren Sie für den Dip den Joghurt mit abgeriebener Zitronenschale und Zitronensaft und würzen mit Salz und Pfeffer.

EXKLUSIVER BONUS

35 exklusive Abnehmrezepte

inkl. 14-Tage-Abnehmplan, um dauerhaft Bauchfett
zu verlieren und schlank zu bleiben

Halten Sie Ihre Handykamera einfach auf den QR Code
und kommen Sie so zu dem Gratis-Download:

QR-Code mit Kamera scannen und
GRATIS Bonus erhalten:

GEBRATENER BLUMENKOHL / VEGAN

ZUTATEN FÜR 3 PORTIONEN:

- ✔ 1 Blumenkohl
- ✔ 1 EL Öl

Marinade:

- ✔ 50 g Pflanzenfett
- ✔ 100 ml Chilisoße
- ✔ 1 EL vegane Worcestersoße
- ✔ 1 EL Knoblauchpulver
- ✔ ½ EL Cayennepfeffer
- ✔ 1 EL Zucker
- ✔ 2 EL Essig
- ✔ Salz und Pfeffer

NÄHRWERTE PRO PORTION:

281 kcal | 21,8 g Kohlehydrate | 5,8 g Eiweiß | 17,9 g Fett

ZUBEREITUNG:

1. Für die Marinade schmelzen Sie das Pflanzenfett und fügen danach die Zutaten in der angegebenen Reihenfolge unter ständigem Rühren hinzu. Stellen Sie die Marinade zur Seite.
2. Zerteilen Sie den Blumenkohl in kleine Röschen.
3. Besprühen Sie den Frittierkorb dünn mit Öl und legen die Röschen ein, besprühen auch diese mit einem Hauch Öl. Braten Sie den Blumenkohl 7 Minuten lang bei 200°C.
4. Danach holen Sie den Blumenkohl aus der Heißluftfritteuse, marinieren ihn und braten ihn weitere 7 Minuten, wobei Sie die Röschen nach der halben Zeit einmal gut durchrütteln.

NACHOS-SNACK / VEGETARISCH

ZUTATEN FÜR 2 PORTIONEN:

- ✔ ½ Packung Nachos
- ✔ 60 g geraffelter Cheddar
- ✔ ½ Dose Kidneybohnen
- ✔ 1 große grüne Pfefferoni, in schmale Ringe geschnitten

NÄHRWERTE PRO PORTION:

326 kcal | 28,9 g Kohlehydrate | 1000 g Eiweiß | 1000 g Fett

ZUBEREITUNG:

1. Als erstes geben Sie die Nachos in den Frittierkorb und streuen etwas weniger als die Hälfte des geraffelten Cheddar darauf.
2. Darüber verteilen Sie locker die Kidneybohnen und die Pfefferonistückchen.
3. Zuletzt bestreuen Sie die Nachos noch mit dem restlichen Cheddar.
4. Braten Sie den Nachos-Snack bei 200°C etwa 1 Minute, bis der Käse geschmolzen ist.

KNUSPRIGE TEIGTASCHEN / VEGETARISCH

FÜR DEN KLEINEN HUNGER / BEILAGEN

ZUTATEN FÜR 6 PORTIONEN:

- ✔ 2 Pckg. Strudelteig aus dem Kühlregal
- ✔ 1 kleine Aubergine
- ✔ 150 g Frischkäse
- ✔ 1 Frühlingszwiebel, in feine Ringe geschnitten
- ✔ 1 Zehe Knoblauch, durch die Knoblauchpresse gedrückt
- ✔ 2 EL Olivenöl

NÄHRWERTE PRO PORTION:

235 kcal | 26,5 g Kohlehydrate | 5,7 g Eiweiß | 11,2 g Fett

ZUBEREITUNG:

1. Entfernen Sie den Stiel von der Aubergine und schneiden Sie sie in kleine Würfel.
2. Vermischen Sie die Würfel mit 1 TL Öl und braten Sie sie in der Heißluftfritteuse bei 180°C etwa 10 Minuten lang, nach der halben Bratzeit einmal durchrühren.
3. Zerdrücken Sie die Auberginenwürfelchen und mischen sie mit dem Frischkäse, den Frühlingszwiebelröllchen und dem Knoblauch und verrühren alles gut miteinander.
4. Rollen Sie nun den Teig aus und teilen ihn in 6 lange Streifen.
5. Setzen Sie etwas von der Frischkäsemasse ganz unten auf den Teigstreifen und schlagen die Teigecke nach oben, sodass ein Dreieck entsteht. Wickeln Sie weiter, immer im Zickzack, bis die Füllung ganz in Teig eingewickelt ist. Verfahren Sie so mit allen Streifen.
6. Bestreichen Sie die gefüllten Dreiecke mit ganz wenig Öl und setzen sie in den Frittierkorb.
7. Backen Sie die Teigtaschen auf jeder Seite je 4 Minuten lang bei 200°C.

SPINAT-FETA-HÖRNCHEN / VEGETARISCH

ZUTATEN FÜR 6 STÜCK:

- ✔ 1 Pckg. Blätterteig aus dem Kühlregal (300 g)
- ✔ 50 g frischer Spinat
- ✔ 2 hartgekochte Eier
- ✔ 150 g Feta
- ✔ 2 Zehen Knoblauch
- ✔ Muskatnuss, gemahlen
- ✔ 1 Eigelb
- ✔ etwas Mehl zum Ausrollen des Teigs

NÄHRWERTE PRO PORTION:

289 kcal | 19,4 g Kohlehydrate | 8,6 g Eiweiß | 19,5 g Fett

ZUBEREITUNG:

1. Putzen Sie den Spinat und blanchieren ihn etwa 2 Minuten in Salzwasser, schrecken ihn ab, lassen ihn abtropfen und hacken ihn fein.
2. Zerkleinern und zerdrücken Sie die gekochten Eier und den Feta und vermischen sie miteinander.
3. Drücken Sie den Knoblauch durch die Knoblauchpresse und vermischen ihn mit Eiern und Feta, würzen Sie alles mit Muskatnuss und Salz.
4. Rollen Sie den Teig aus und schneiden Sie mithilfe einer Kasserolle einen großen Kreis aus. Diesen teilen Sie mit dem Messer in 6 gleich große „Tortenstücke“.
5. Legen Sie auf die breite Seite jedes „Tortenstücks“ die Füllung, rollen das Stück auf und biegen es zum Hörnchen.
6. Bestreichen Sie die Hörnchen mit Eigelb und backen sie bei 180°C etwa 10 Minuten.

KRÄUTERBRÖTCHEN / VEGETARISCH

ZUTATEN FÜR 6 STÜCK:

- ✔ 200 g Weizenmehl
- ✔ ½ Pckg. Backpulver
- ✔ ¼ TL Salz
- ✔ 100 g Frischkäse, Doppelrahmstufe
- ✔ 60 ml Milch
- ✔ 1 Bund frische Kräuter nach Wahl
- ✔ 2 EL Sesam
- ✔ 1 EL Sonnenblumenkerne
- ✔ 4 EL Kondensmilch

NÄHRWERTE PRO PORTION:

233 kcal | 26,5 g Kohlehydrate | 7,5 g Eiweiß | 10,4 g Fett

ZUBEREITUNG:

1. Mischen Sie das Mehl mit dem Salz und dem Backpulver und arbeiten Sie den Frischkäse nach und nach ein.
2. Hacken Sie die Kräuter klein; rösten Sie Sesam und Sonnenblumenkerne in einer beschichteten Pfanne ohne Fett und mischen sie zu den Kräutern.
3. Mischen Sie Kräuter und Samen zum Teig und kneten alles gut durch, wobei Sie nach und nach die Milch während des Knetens hinzufügen.
4. Formen Sie aus dem Teig eine Rolle und schneiden davon 6 gleich große Teile ab, die Sie zu Brötchen formen.
5. Schneiden Sie die Oberseite der Brötchen mit einem Messer leicht über Kreuz ein.
6. Setzen Sie die Brötchen in den Frittierkorb und bepinseln sie mit etwas Kondensmilch.
7. Backen Sie die Brötchen bei 180°C etwa 15 Minuten.

LAUCHTORTE

ZUTATEN FÜR 6 PORTIONEN:

- ✔ 160 g Mehl
- ✔ ½ Pckg. Backpulver
- ✔ 1 Ei
- ✔ 100 g kalte Butter
- ✔ 1 Prise Salz

Füllung:

- ✔ 100 g Speck in Scheiben
- ✔ 300 g Lauch
- ✔ 150 ml saure Sahne
- ✔ 1 Ei
- ✔ 1 EL Mehl
- ✔ Salz und Pfeffer

NÄHRWERTE PRO PORTION:

336 kcal | 23 g Kohlehydrate | 8 g Eiweiß | 23,2 g Fett

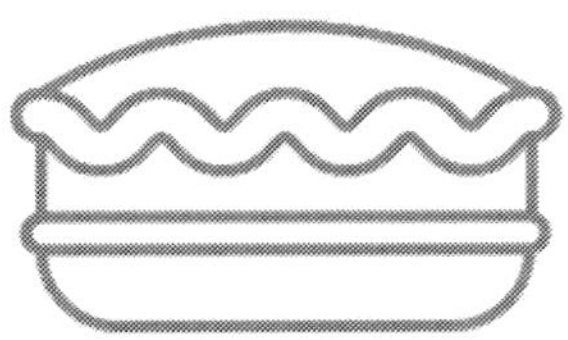

ZUBEREITUNG:

1. Geben Sie das Mehl, vermischt mit dem Backpulver, in eine Schüssel und machen in der Mitte eine Vertiefung, in die Sie das Ei schlagen.
2. Fügen Sie die Butter in kleinen Stücken zu und verkneten alles rasch zu einem glatten Teig, den Sie etwa eine Stunde in einem geschlossenen Gefäß im Kühlschrank ruhen lassen.
3. Inzwischen waschen Sie den Lauch sehr gut und schneiden ihn in etwa 3 cm lange Stücke.
4. Braten Sie die Speckscheiben in der Heißluftfritteuse bei 180°C einige Minuten, für etwa 1 Minute legen Sie auch die Lauchstücke dazu. Zerbröckeln Sie danach die krossen Speckscheiben.
5. Rollen Sie den Teig auf einer bemehlten Arbeitsfläche aus und legen damit die Kuchenform aus, indem Sie den Rand etwa 3 cm hochziehen. Stechen Sie den Teig mit einer Gabel mehrere Male an.
6. Backen Sie den Teig in der Heißluftfritteuse etwa 3 Minuten bei 160°C vor und lassen ihn danach auskühlen.
7. Währenddessen verrühren Sie die saure Sahne mit dem Ei und fügen unter Rühren nach und nach das Mehl hinzu. Würzen Sie mit etwas Salz.
8. Legen Sie auf den Tortenboden die Lauchstücke, verteilen darauf den gerösteten Speck und übergießen alles mit dem Rahmgemisch.
9. Backen Sie die Lauchtorte bei 160°C etwa 20 Minuten knusprig goldbraun.

   Schmeckt am besten, solange sie noch warm ist!

ENERGIE-RIEGEL / VEGAN

ZUTATEN FÜR EINE BACKFORM / 10 PORTIONEN:

- ✔ 100 g Haferflocken
- ✔ 100 g Dinkelflocken
- ✔ 100 g Hirseflocken
- ✔ 50 g Kokosöl
- ✔ 100 g getrocknete Ananasstückchen oder andere Trockenfrüchte
- ✔ 50 g Datteln, entkernt
- ✔ 50 g Haselnüsse, gehackt
- ✔ 50 g Mandelstifte
- ✔ 2 EL brauner Rohrzucker
- ✔ 6 EL Sesampaste
- ✔ 6 EL Agavendicksaft
- ✔ 1 Banane
- ✔ 1 Apfel
- ✔ ½ Zitrone / Saft

NÄHRWERTE PRO PORTION:

336 kcal | 41 g Kohlehydrate | 7,4 g Eiweiß | 14,8 g Fett

ZUBEREITUNG:

1. Legen Sie eine Backform mit Backpapier aus.
2. Schneiden Sie die Trockenfrüchte klein. Zerdrücken Sie die Banane mit einer Gabel, schaben Sie den Apfel auf einer feinen Reibe.
3. Erhitzen Sie (auf dem Herd in einer Kasserolle) das Kokosöl zusammen mit dem Zucker und dem Zitronensaft.
4. Unter ständigem Rühren fügen Sie die Banane und den Apfel hinzu sowie den Agavendicksaft und rühren nach und nach etwas heißes Wasser ein.
5. Nun kommen die Getreideflocken, die Nüsse und Trockenfrüchte dazu. Vermischen Sie alles gut miteinander. Dann lassen Sie die Masse etwa 10 Minuten ruhen.
6. Füllen Sie die Masse in die vorbereitete Backform, teilen sie mit einem Messer in Riegelform und backen sie 45 Minuten bei 140°C.

FLEISCHLOSE HAUPTMAHLZEITEN

ÜBERBACKENER SPINAT

ZUTATEN FÜR 2 PORTIONEN:

- ✔ 500 g frischer Blattspinat
- ✔ 2 Eier
- ✔ 50 g Parmesan
- ✔ 3 EL Paniermehl (Brösel)
- ✔ 1 EL Milch
- ✔ 1 TL Mehl
- ✔ Knoblauchpulver
- ✔ 1 TL Öl
- ✔ Salz und Pfeffer

NÄHRWERTE PRO PORTION:

412 kcal | 28,4 g Kohlehydrate | 23 g Eiweiß | 21,3 g Fett

ZUBEREITUNG:

1. Dünsten Sie den geputzten Spinat etwa 5 Minuten in etwas heißem Wasser und lassen ihn dann abtropfen.
2. Schlagen Sie die Eier, mischen 1 EL Milch dazu und rühren 1 TL Mehl ein, würzen sie und mischen sie unter den abgetropften Spinat.
3. Vermischen Sie das Paniermehl mit dem Parmesan.
4. Geben Sie den Spinat in eine feuerfeste Form, die in die Heißluftfritteuse passt und bestreuen die Masse mit dem Paniermehl-Parmesan-Gemisch.
5. Überbacken Sie den Spinat bei 175°C für etwa 10 Minuten.

ZUCCHINIGRATIN

ZUTATEN FÜR 2 PORTIONEN:

- ✔ 1 große Zucchini
- ✔ 30 g Butter

Béchamel:

- ✔ 50 g Butter
- ✔ 120 ml Milch
- ✔ 1 EL Mehl
- ✔ 2 EL Crème fraîche
- ✔ 30 g geriebener Hartkäse (Bergkäse, Parmesan ...)
- ✔ Muskatnuss, gemahlen
- ✔ Salz

NÄHRWERTE PRO PORTION:

463 kcal | 10,3 g Kohlehydrate | 10,2 g Eiweiß | 43 g Fett

ZUBEREITUNG:

1. Putzen Sie die Zucchini und schneiden sie in nicht zu dicke Scheiben.
2. Schichten Sie sie in eine leicht eingeölte Backform.
3. Bereiten Sie die Béchamelsoße zu (auf dem Herd):

   Zerlassen Sie in einer Kasserolle die Butter und rühren nach und nach das Mehl ein, gießen mit der Milch auf und lassen es eindicken (etwa 5 Minuten). Dabei immer wieder umrühren, Béchamel brennt leicht an. Danach rühren Sie den geriebenen Käse und die Crème fraîche unter und würzen mit Salz und Muskat.
4. Übergießen Sie die Zucchini mit Käsebéchamel und backen das Gericht bei 165°C etwa 15 Minuten.

BLUMENKOHLAUFLAUF

ZUTATEN FÜR 2 PORTIONEN:

- ✔ 1 kleine Rose Blumenkohl
- ✔ 100 g Zuckermais (Dose)
- ✔ 100 g Erbsen (TK)
- ✔ 100 g Gouda
- ✔ ½ Bund Petersilie
- ✔ 1 kleine Zwiebel
- ✔ 2 Eier
- ✔ 100 g Mehl
- ✔ 80 ml Milch
- ✔ Öl

NÄHRWERTE PRO PORTION:

612 kcal | 58,2 g Kohlehydrate | 35,3 g Eiweiß | 23,5 g Fett

ZUBEREITUNG:

1. Zunächst waschen und putzen Sie den Blumenkohl und teilen ihn in Röschen. Überbrühen Sie ihn etwa 5 Minuten mit kochendem Wasser und lassen ihn dann abtropfen.
2. Lassen Sie den Mais aus der Dose abtropfen und raffeln den Käse grob.
3. Hacken Sie Zwiebel und Petersilie klein.
4. Verrühren Sie die Eier und die Milch mit dem Mehl und der Petersilie zu einem zähflüssigen Teig, würzen Sie mit Salz und Pfeffer.
5. Zerkleinern Sie die überbrühten Blumenkohlröschen und mischen sie zusammen mit dem geraffelten Käse und der gehackten Zwiebel zum Teig.
6. Füllen Sie die Masse in eine feuerfeste Form, die in die Heißluftfritteuse passt und backen den Auflauf etwa 20 Minuten bei 175°C.

QUICHE ROT-GRÜN

ZUTATEN FÜR 3 PORTIONEN:

- ✔ 130 g Vollkornmehl
- ✔ 1 EL frischer Rosmarin
- ✔ 2 Zehen Knoblauch
- ✔ 1 Ei, 1 Eidotter
- ✔ 1 EL kaltes Wasser
- ✔ 70 g kalte Butter
- ✔ etwas Salz

Füllung:

- ✔ 250 g Zucchini
- ✔ 200 g Tomaten (gehäutet, aus der Dose)
- ✔ 80 g Crème fraîche
- ✔ 1 Ei
- ✔ 50 g Gouda
- ✔ 1 EL Öl
- ✔ Salz und Pfeffer
- ✔ einige Stängel Basilikum

NÄHRWERTE PRO PORTION:

551 kcal | 33,2 g Kohlehydrate | 16,3 g Eiweiß | 37,9 g Fett

ZUBEREITUNG:

1. Geben Sie das Mehl mit dem Salz in eine Schüssel und drücken in die Mitte eine Vertiefung; hacken Sie den Rosmarin und streuen ihn über das Mehl.
2. Drücken Sie die Knoblauchzehen durch die Knoblauchpresse und geben sie ebenfalls zum Mehl.
3. In die Mehlmulde geben Sie nun das Ei, den Dotter und 1 EL kaltes Wasser. Rundum legen Sie die Butter in Stückchen und verarbeiten nun alles durch Kneten rasch zu einem glatten Teig, den Sie eine Stunde im Kühlschrank in einem geschlossenen Gefäß rasten lassen.
4. Putzen Sie die Zucchini und schneiden sie in dünne Scheiben, überbrühen sie kurz mit kochendem Wasser, lassen sie abtropfen und abkühlen.
5. Halbieren Sie die gehäuteten Tomaten und entfernen den Stielansatz.
6. Verquirlen Sie die Eier mit der Crème fraîche und salzen die Mischung (nicht zu viel). Reiben Sie den Gouda grob.
7. Kneten Sie den Teig nach der Ruhezeit gut durch, rollen ihn aus und legen die Quicheform damit aus, indem Sie die Ränder seitlich hochziehen. Stechen Sie den Teig mit einer Gabel mehrmals an.
8. Streuen Sie den geriebenen Käse als erstes auf den Teigboden, danach legen Sie die Zucchinischeiben darauf und darauf die Tomatenhälften, die Sie mit etwas Öl bepinseln.
9. Zuletzt gießen Sie den Eierrahm darüber und bestreichen auch die hervorstehenden Teigränder damit.
10. 1Backen Sie die Quiche 20 Minuten bei 170°C und lassen Sie sie danach noch 10 Minuten ruhen.
11. 1Zum Servieren dekorieren Sie die Portionen mit einigen Blättchen Basilikum.

SCHARFER GEMÜSETOPF / VEGAN

ZUTATEN FÜR 3 PORTIONEN:

- ✔ 3 Kartoffeln
- ✔ 1 große Süßkartoffel
- ✔ 1 gelbe Rübe
- ✔ 1 Topinambur
- ✔ 3 Möhren
- ✔ 1 Stangensellerie
- ✔ 1 kleine Fenchelknolle
- ✔ 2 EL Öl
- ✔ 100 geräucherter Tofu (Feta für Vegetarier)

Rub:

- ✔ 2 EL Ingwer
- ✔ ½ Bund Petersilie
- ✔ 2 Zehen Knoblauch
- ✔ ½ TL Cayennepfeffer
- ✔ Salz und Pfeffer
- ✔ 2 EL Öl

NÄHRWERTE PRO PORTION:

411 kcal | 51 g Kohlehydrate | 9,6 g Eiweiß | 15,8 g Fett

ZUBEREITUNG:

1. Rub: Hacken Sie Ingwer, Petersilie und Knoblauch grob, fügen Sie das Öl und die Gewürze hinzu. Mit dem Pürierstab oder einer Küchenmaschine zerkleinern Sie alles zu einer Paste.
2. Schälen Sie Topinambur, Kartoffeln und Süßkartoffel, putzen Sie das Gemüse.
3. Schneiden Sie alles in mundgerechte Stücke.
4. Vermischen Sie das zerkleinerte Gemüse mit Rub und Öl, legen es in die Fritteuse und braten es etwa 20 Minuten bei 200°C.
5. Danach verteilen Sie den würfelig geschnittenen Tofu (Feta) auf dem Gemüse und braten alles zusammen noch mal etwa 10 Minuten.

GEBACKENE CHAMPIGNONS UND ZUCCHINI / VEGAN

ZUTATEN FÜR 2 PORTIONEN:

- ✔ 1 mittelgroße Zucchini
- ✔ 300 g Champignons
- ✔ 6 EL Mehl und Wasser (für die Panade)
- ✔ 100 g Paniermehl (Brösel)
- ✔ Knoblauchpulver
- ✔ Salz
- ✔ 1 TL Öl

NÄHRWERTE PRO PORTION:

340 kcal | 60,3 g Kohlehydrate | 13,2 g Eiweiß | 3,4 g Fett

ZUBEREITUNG:

1. Putzen Sie die Champignons und halbieren oder vierteln Sie zu große Pilze. Schneiden Sie die Zucchini mit der Schale in etwa 1 cm dicke Scheiben.
2. Verrühren Sie Wasser und Mehl zu sämiger Konsistenz und würzen mit Knoblauchpulver und Salz.
3. Tauchen Sie das Gemüse erst in die Flüssigkeit und panieren es danach mit dem Paniermehl. Soll die Panade etwas robuster sein, wiederholen Sie den Vorgang.
4. Sprühen Sie etwas Öl in den Frittierkorb und legen das panierte Gemüse ein. Achtung, nicht zu viel auf einmal einlegen, sonst wird es nicht knusprig. Sprühen Sie auch über das Gemüse einen Hauch Öl.
5. Braten Sie die Teile bei 190°C etwa 6 bis 7 Minuten, nach der halben Bratzeit einmal wenden.

ZUCCHINIFRIKADELLEN MIT INGWER-DIP

ZUTATEN FÜR 4 PORTIONEN:

- ✔ 1 große gelbe Zucchini (alternativ: Kürbis)
- ✔ 100 g Frischkäse
- ✔ 1 Ei
- ✔ 60 g Paniermehl (Brösel)
- ✔ 1 EL Oregano
- ✔ 1 TL Basilikum
- ✔ 1 TL Thymian
- ✔ Salz, Pfeffer

Dip:

- ✔ 4 EL saure Sahne
- ✔ 1 cm Ingwer, fein gerieben
- ✔ eine Prise Koriander
- ✔ Salz und Pfeffer

NÄHRWERTE PRO PORTION:

174 kcal | 14,8 g Kohlehydrate | 6,1 g Eiweiß | 9,7 g Fett

ZUBEREITUNG:

1. Schälen Sie die Zucchini und raffeln sie. Salzen Sie sie und lassen sie etwa eine Viertelstunde stehen, danach drücken Sie sie gut aus.
2. Vermischen Sie nun alle Zutaten gut miteinander und formen aus der Masse Frikadellen.
3. Braten Sie die Frikadellen bei 180°C zunächst 7 Minuten lang, danach drehen Sie sie um und braten sie noch mal 7 Minuten.
4. Währenddessen bereiten Sie den Dip zu: Raffeln Sie den Ingwer sehr fein und vermischen ihn mit der sauren Sahne. Würzen Sie mit Salz, Pfeffer und einer Prise gemahlenem Koriander.

GEFÜLLTE MINI-PAPRIKAS

ZUTATEN FÜR 4 PORTIONEN:

- ✔ 8 kleine Paprikaschoten, gelb und rot
- ✔ 300 g Frischkäse

Kräutergewürzmischung:

- ✔ Oregano
- ✔ Thymian
- ✔ Basilikum
- ✔ Salz und Pfeffer

NÄHRWERTE PRO PORTION:

255 kcal | 11 g Kohlehydrate | 7,3 g Eiweiß | 19,2 g Fett

ZUBEREITUNG:

1. Halbieren Sie die Paprikaschoten, schneiden die Stiele ab und putzen die Kerne heraus.
2. Füllen Sie jede Paprikahälfte mit Frischkäse.
3. Setzen Sie die gefüllten Schoten nebeneinander in den Frittierkorb und bestreuen sie mit der Kräutergewürzmischung.
4. Braten Sie die Schoten 8 Minuten bei 185°C.

KARTOFFELN JENSEITS VON POMMES & CO.

KARTOFFEL-BASISREZEPTE

Bratkartoffeln

ZUTATEN

- ✔ 500 g Kartoffeln
- ✔ 1 EL Öl
- ✔ Salz

NÄHRWERTE PRO PORTION (3):

166 kcal | 28,3 g Kohlehydrate | 3,3 g Eiweiß | 3,5 g Fett

ZUBEREITUNG:

1. Waschen und schälen Sie die Kartoffeln und schneiden sie in etwa 0,5 cm dicke und nicht zu große Scheiben (sehr große Kartoffeln erst längs halbieren).
2. Vermischen Sie die Scheiben mit dem Öl. Um die Kartoffeln knusprig zu bekommen, sollten Sie eine nicht zu große Portion auf einmal braten und die angegebene Menge von 500 g nicht überschreiten.
3. Braten Sie die Kartoffeln bei 190°C insgesamt 15 Minuten. Nach jeweils einigen Minuten wenden Sie die Scheiben und braten weiter, bis die Kartoffeln goldbraun sind.
4. Die fertig gebratenen Kartoffeln salzen und würzen Sie nach Geschmack.

Würzige Kartoffelwedges

ZUTATEN

- ✔ 500 g Kartoffeln
- ✔ 1 EL Öl
- ✔ Salz
- ✔ Gewürze nach Geschmack, z.B.:
- ✔ Piment, gemahlen

- ✔ Rosmarin
- ✔ Thymian
- ✔ Koriander, gemahlen
- ✔ Knoblauchpulver
- ✔ Zwiebelpulver
- ✔ edelsüßer Paprika

NÄHRWERTE PRO PORTION (3):

166 kcal | 28,3 g Kohlehydrate | 3,3 g Eiweiß | 3,5 g Fett

ZUBEREITUNG:

1. Waschen Sie die Kartoffeln, tupfen sie trocken und schneiden sie mit der Schale in Wedges.
2. Vermischen Sie die Gewürze (inkl. Salz) und verrühren sie mit dem Öl.
3. Wenden Sie die Kartoffelwedges in der Gewürze-Öl-Mischung, bis alle Stücke rundum davon überzogen sind.
4. Braten Sie die Wedges bei 190°C insgesamt 20 Minuten, wobei Sie nach jeweils etwa 7 Minuten die Wedges durchrütteln.

GEFÜLLTE KÄSEKARTOFFELN AUF PAPRIKAGEMÜSE

ZUTATEN FÜR 4 PORTIONEN:

- ✔ 4 große Kartoffeln mit Schale, mehlige Sorte
- ✔ 4 EL Frischkäse
- ✔ 4 EL geriebener Käse
- ✔ 1 Stange Jungzwiebel
- ✔ Zwiebelpulver
- ✔ je 1 rote, grüne und gelbe Paprikaschote
- ✔ 1 EL Olivenöl
- ✔ Salz und Pfeffer

NÄHRWERTE PRO PORTION:

243 kcal | 32,6 g Kohlehydrate | 7,2 g Eiweiß | 7,8 g Fett

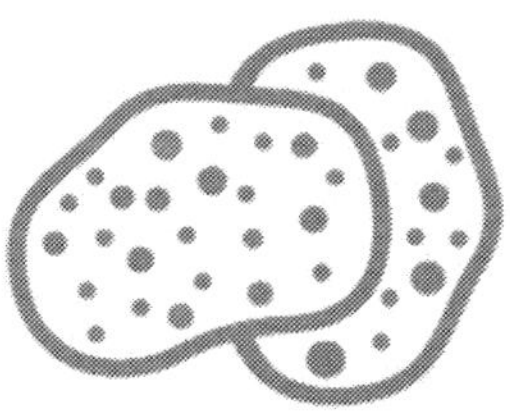

ZUBEREITUNG:

1. Bereiten Sie die Kartoffeln wie im Rezept „Ofenkartoffeln“, Variante 2 / Punkt 1 und 2, zu.
2. Währenddessen schneiden Sie die Jungwiebel in feine Röllchen.

   Putzen Sie die Paprikaschoten, schneiden sie in mundgerechte Stücke und marinieren sie mit etwas Olivenöl, Salz und Pfeffer.
3. Nehmen Sie die fertig gebackenen Kartoffeln aus der Heißluftfritteuse und legen nun die Paprikastücke in den Frittierkorb. Braten Sie das Gemüse 10 Minuten bei 180°C.
4. Bis das Gemüse gebraten ist, schneiden Sie die fertig gebackenen Kartoffeln in die Hälfte und höhlen sie aus.
5. Die herausgehobene Kartoffelmasse verrühren Sie mit Frischkäse, geriebenem Käse und Jungzwiebelröllchen. Würzen Sie die Masse mit Salz, Pfeffer und Zwiebelpulver. Füllen Sie die Masse in die leeren Kartoffelhälften.
6. Sobald die Paprikaschoten fertig gebraten sind, holen Sie sie aus der Heißluftfritteuse und setzen die gefüllten Kartoffelhälften in den Frittierkorb. Diese überbacken Sie bei 200°C etwa 5 Minuten lang.
7. Zum Servieren legen Sie die gefüllten Kartoffeln auf das Paprikagemüse.

ZWEI OFENKARTOFFEL-VARIATIONEN

Variante 1: mit Thymianbutter

ZUTATEN FÜR 6 KARTOFFELN / PORTIONEN:

- ✔ 6 große Kartoffeln mit Schale, mehlige Sorte
- ✔ ½ TL Knoblauchpulver
- ✔ ½ TL Zwiebelpulver
- ✔ ½ TL Rosmarin
- ✔ Salz, Pfeffer
- ✔ 2 EL Öl

Topping:

- ✔ 60 g Butter
- ✔ 1 TL frischer Thymian
- ✔ ¼ TL Zitronensaft
- ✔ ¼ TL abgeriebene Zitronenschale

NÄHRWERTE PRO PORTION:

195 kcal | 28,4 g Kohlehydrate | 3,4 g Eiweiß | 6,8 g Fett

ZUBEREITUNG:

1. Waschen Sie die Kartoffeln sorgfältig und trocknen sie ab. Stechen Sie sie mit einer Gabel mehrmals an verschiedenen Stellen an.
2. Vermischen Sie das Öl mit den Gewürzen und reiben Sie die Kartoffeln rundum damit ein.
3. Legen Sie die Kartoffeln so in den Frittierkorb, dass sie einander möglichst nicht berühren und braten sie bei 200°C 35 bis 50 Minuten, je nach Größe.
4. Topping: Verrühren Sie die zimmerwarme Butter mit Thymian, Zitrone und Zitronenschale. Servieren Sie die aufgeschnittenen Kartoffeln und geben jeweils eine Portion Thymianbutter dazu.

Variante 2: mit Schinken und Käse

ZUTATEN FÜR 4 PORTIONEN:

- ✔ 4 große Kartoffeln mit Schale, mehlige Sorte
- ✔ 4 TL geschmolzene Butter
- ✔ 100 g geraffelter Käse nach Wahl
- ✔ 4 Scheiben Schinken
- ✔ 4 EL saure Sahne
- ✔ 2 Zehen Knoblauch
- ✔ ½ Bund Schnittlauch
- ✔ Salz und Pfeffer

NÄHRWERTE PRO PORTION:

311 kcal | 28,7 g Kohlehydrate | 20,5 g Eiweiß | 11,9 g Fett

ZUBEREITUNG:

1. Waschen Sie die Kartoffeln gut, eventuell bürsten Sie sie. Schneiden Sie mit einem spitzen Messer in jede Kartoffel ein Kreuz, etwa 2 cm tief. So garen sie leichter durch.
2. Backen Sie die Kartoffeln 25 Minuten bei 200°C.
3. Währenddessen drücken Sie den Knoblauch durch die Knoblauchpresse und schneiden den Schnittlauch in Röllchen. Verrühren Sie beides mit der sauren Sahne. Würzen Sie den Dip mit Salz und Pfeffer und stellen ihn beiseite. Schneiden Sie den Schinken in Streifen.
4. Legen Sie je eine Kartoffel auf einen Teller, zerteilen sie mit einer Gabel am eingeschnittenen Kreuz und drücken die Kartoffel flach auseinander.
5. Auf die auseinandergedrückten Kartoffeln träufeln Sie etwas geschmolzene Butter, streuen geraffelten Käse darüber und garnieren mit den Schinkenstreifen. Dazu kommt je ein Esslöffel Saure-Sahne-Dip.

   Am besten sofort genießen, solange die Kartoffel heiß ist.

KÄSE-KARTOFFELREIBEKUCHEN / VEGETARISCH

ZUTATEN FÜR 3 PORTIONEN:

- ✔ 500 g Kartoffeln, mehlige Sorte
- ✔ 2 kleine Eier oder 1 großes
- ✔ 1 TL Maisstärke
- ✔ 80 g Käse
- ✔ 50 g Sauerkraut
- ✔ 2 EL Haferflocken

NÄHRWERTE PRO PORTION:

287 kcal | 37 g Kohlehydrate | 13,9 g Eiweiß | 8,3 g Fett

ZUBEREITUNG:

1. Schälen Sie die rohen Kartoffeln und reiben sie fein. Geben Sie sie in ein Sieb, drücken sie gut über einer Schüssel aus und lassen sie noch ein wenig abtropfen.
2. Währenddessen reiben Sie den Käse, waschen das Sauerkraut und schneiden es klein.
3. Nun vermischen Sie alles miteinander; aus der Schüssel mit dem Kartoffelwasser holen Sie noch die Kartoffelstärke, die sich abgesetzt hat, heraus und mischen sie zu den anderen Zutaten.
4. Formen Sie aus der Masse flache Reibekuchen, setzen sie in den etwas eingeölten Frittierkorb und besprühen sie hauchdünn mit Öl.
5. Braten Sie die Reibekuchen zunächst 7 Minuten bei 180°C, dann drehen Sie sie um und braten sie noch mal 7 Minuten.

WÜRZIGE KARTOFFELKROKETTEN / VEGETARISCH

ZUTATEN FÜR 2 PORTIONEN:

- ✔ 300 g Kartoffeln, mehlige Sorte
- ✔ 1 Ei
- ✔ 60 g fein geriebener Hartkäse (Bergkäse, Parmesan ...)
- ✔ ½ Bund Petersilie, fein gehackt
- ✔ 2 EL Mehl
- ✔ Knoblauchpulver
- ✔ Muskatnuss
- ✔ Salz und Pfeffer
- ✔ 1 TL Öl

NÄHRWERTE PRO PORTION:

283 kcal | 26,5 g Kohlehydrate | 15,8 g Eiweiß | 11,9 g Fett

ZUBEREITUNG:

1. Backen Sie die Kartoffeln mit der Schale wie in Ofenkartoffeln Variante 2, Schritt 1 und 2 beschrieben, heben die Kartoffelmasse aus der Schale und zerdrücken sie fein.
2. Arbeiten Sie in die Kartoffelmasse das Ei, das Mehl, den Käse, die gehackte Petersilie und die Gewürze ein und mischen alles gut durch. Sollte die Masse zu klebrig oder zu weich sein, können Sie noch 1 EL Paniermehl daruntermischen.
3. Formen Sie daraus etwa fingerlange Kroketten. Sprühen Sie den Frittierkorb hauchdünn mit Öl ein und legen die Kroketten nebeneinander ein. Diese ebenfalls mit einem Hauch Öl besprühen.
4. Braten Sie die Kroketten bei 200°C etwa 6 Minuten lang, wobei Sie sie nach 3 Minuten einmal umdrehen.

KARTOFFEL-KNOBI-AUFLAUF

ZUTATEN FÜR 3 PORTIONEN:

- ✔ 500 g Kartoffeln, mehlige Sorte
- ✔ 4 Zehen Knoblauch
- ✔ 120 g Emmentaler, gerieben
- ✔ 120 ml Sahne
- ✔ Salz und frisch gemahlener Pfeffer
- ✔ 1 EL Paniermehl (Brösel)

NÄHRWERTE PRO PORTION:

450 kcal | 40 g Kohlehydrate | 17,3 g Eiweiß | 23,6 g Fett

ZUBEREITUNG:

1. Schälen Sie die rohen Kartoffeln und schneiden sie in hauchdünne Scheiben - am besten geht das mit einem Gurkenhobel.
2. Drücken Sie den Knoblauch durch die Knoblauchpresse und raffeln den Käse grob.
3. Besprühen Sie eine passende feuerfeste Form mit Öl und streuen sie mit Paniermehl (Bröseln) aus.
4. Auf den Boden der Form streuen Sie etwas Knoblauch, darauf kommt eine Schichte Kartoffeln, die Sie mit Salz und Pfeffer würzen.
5. Auf die Kartoffeln streuen Sie die Hälfte des Käses, darauf schichten Sie die restlichen Kartoffeln, die Sie wieder mit Salz und Pfeffer würzen und den restlichen Knoblauch darauf verteilen.
6. Abschließend übergießen Sie den Auflauf mit der Sahne. Den restlichen Käse stellen Sie zur Seite.
7. Backen Sie den Auflauf bei 180°C etwa 20 Minuten, dann bestreuen Sie ihn mit dem restlichen Käse und überbacken ihn noch mal für 10 Minuten.

KARTOFFELGULASCH

ZUTATEN FÜR 4 PORTIONEN:

- ✔ 600 g Kartoffeln, mehlige Sorte
- ✔ 1 große Zwiebel
- ✔ 1 TL Öl
- ✔ 1 EL edelsüßes Paprikapulver
- ✔ 1 TL Essig
- ✔ 1 TL Tomatenmark
- ✔ 1 Lorbeerblatt
- ✔ Majoran
- ✔ Salz, Pfeffer
- ✔ 80 ml saure Sahne
- ✔ 1 EL Mehl
- ✔ 2 Paar Wiener Würstchen oder Debreziner

NÄHRWERTE PRO PORTION:

378 kcal | 29,2 g Kohlehydrate | 14,8 g Eiweiß | 21,6 g Fett

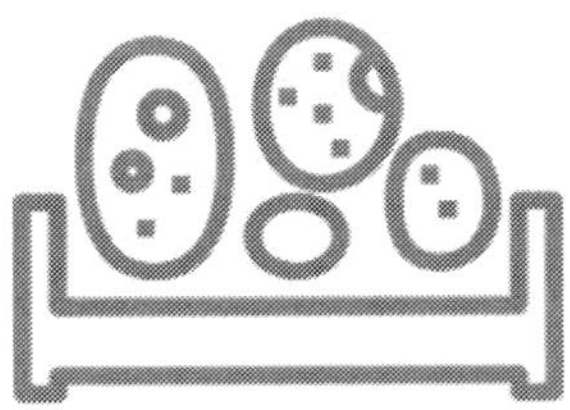

ZUBEREITUNG:

1. Schälen Sie die Kartoffeln und schneiden sie in nicht zu kleine Würfel.
2. Hacken Sie die Zwiebel. Verrühren Sie das Tomatenmark mit etwa 200 ml Wasser.
3. Braten Sie die Zwiebel in der HFL-Backform in wenig Öl etwa 1 bis 2 Minuten bei 180°C an.
4. Öffnen Sie die Lade, fügen das Paprikapulver hinzu, lassen es kurz mitrösten und löschen mit dem Essig ab. Danach gießen Sie das mit Tomatenmark verrührte Wasser hinzu, legen das Lorbeerblatt ein und schließen die Fritteuse wieder. Garen Sie die Soße etwa 5 Minuten bei 180°C.
5. Nun legen Sie die Kartoffelwürfel ein, würzen mit Salz, Pfeffer und Majoran, eventuell etwas Wasser nachgießen, die Kartoffeln sollen bedeckt sein. Garen Sie das Gulasch weitere 15 Minuten bei 180°C.
6. In der Zwischenzeit schneiden Sie die Würstchen in nicht zu dünne Scheiben. Verrühren Sie das Mehl mit der sauren Sahne.
7. Wenn die Kartoffeln fertig gegart sind, mischen Sie die angerührte saure Sahne darunter.
8. Regeln Sie die Temperatur auf 120°C herunter. Fügen Sie die Würstchenscheiben hinzu und lassen das Gulasch weitere 5 Minuten köcheln.

   Dazu passen Spätzle und grüner Salat.

SÜSSES

SÜSSES

VANILLA DONUTS

ZUTATEN FÜR 8 STÜCK:

- ✔ 120 ml warmes Wasser
- ✔ 60 ml warme Milch
- ✔ 20 g frische Hefe
- ✔ 50 g Zucker
- ✔ 40 g geschmolzene Butter
- ✔ 1 Ei
- ✔ 1 Eigelb
- ✔ ½ Pckg. Vanillezucker
- ✔ 250 g Mehl
- ✔ eine Prise Salz
- ✔ etwas Öl

Glasur:

- ✔ 100 g Puderzucker
- ✔ ½ TL Vanille-Extrakt
- ✔ etwas Wasser oder Milch

SÜSSES

NÄHRWERTE PRO STÜCK:

246 kcal |41,8 g Kohlehydrate | 4,4 g Eiweiß | 6,5 g Fett

ZUBEREITUNG:

1. Vermischen Sie das warme Wasser mit der warmen Milch, fügen 1 TL Zucker hinzu und rühren die Hefe ein.
2. Lassen Sie die Mischung etwa 5 Minuten an einem warmen Platz aufgehen.
3. Vermischen Sie Zucker, geschmolzene Butter, Ei und Eigelb in einer großen Rührschüssel, fügen Sie den Vanillezucker und eine Prise Salz zu und das Mehl. Zuletzt wird die aufgegangene Hefemischung dazugegeben.
4. Verrühren Sie alles gut miteinander und arbeiten das Mehl ein. Kneten und schlagen Sie den Teig so lange, bis er sich von der Schüssel löst.
5. Lassen Sie den Teig zugedeckt an einem warmen Ort etwa eine Stunde gehen, bis er die doppelte Größe hat.

6. Danach nehmen Sie ihn aus der Schüssel und kneten ihn auf einer bemehlten Arbeitsfläche durch, durch, um die Luftblasen zu entfernen.
7. Nun rollen Sie den Teig etwa 1,5 cm dick aus.
8. Verwenden Sie entweder einen Donut-Cutter oder zwei verschieden große runde Keksformen, um Donuts auszustechen.
9. Decken Sie die ausgestochenen Donuts ab und lassen sie eine weitere halbe Stunde gehen.
10. Heizen Sie die Heißluftfritteuse auf 175°C vor und sprühen Sie den Frittierkorb mit etwas Öl ein.
11. Legen Sie einige Donuts in den Korb, sie dürfen einander nicht berühren. Sprühen Sie die Donuts ebenfalls hauchdünn mit Öl ein.
12. Backen Sie die Donuts etwa 5 bis 6 Minuten. Da nicht alle auf einmal im Frittierkorb Platz haben, backen Sie sie in mehreren Partien.
13. Währenddessen verrühren Sie den Puderzucker mit Vanille-Extrakt und ein wenig Wasser oder Milch. Nicht zu viel nehmen, vorsichtig nach und nach etwas hinzufügen und dabei stets rühren. Die Glasurmasse muss gut dickflüssig sein.
14. Legen Sie die fertig gebackenen Donuts auf ein Küchentuch.
15. Pinseln Sie die Glasur auf, solange die Donuts noch heiß sind. Danach kommen sie auf einen Kuchenrost zum Auskühlen.

BLAUBEER-MINIS

ZUTATEN FÜR 6 STÜCK:

- ✔ 500 g Quark 20%
- ✔ 2 Eier
- ✔ 50 g Zucker
- ✔ 100 g Butter
- ✔ 1 Pckg. Puddingpulver Vanille
- ✔ 1 Pckg. Vanillezucker
- ✔ 100 g Blaubeeren

NÄHRWERTE PRO STÜCK:

271 kcal | 13,7 g Kohlehydrate | 1000 g Eiweiß | 1000 g Fett

ZUBEREITUNG:

1. Rühren Sie Butter, Eier, Zucker und Vanillezucker mit dem Handmixer cremig.
2. Nun fügen Sie unter weiterem Rühren den Quark hinzu und zuletzt kommt das Puddingpulver dazu.
3. Füllen Sie die Masse in 6 kleine feuerfeste Förmchen und verteilen Sie die Blaubeeren auf den Minikuchen.
4. Backen Sie die Blaubeer-Minis zuerst etwa 10 Minuten bei 160°C, regeln dann die Temperatur auf 140°C herunter und backen die Küchlein noch mal etwa 10 Minuten.
5. Zum Servieren bestreuen Sie die Minis mit etwas Staubzucker.

SOFT CHOCOLATYS

ZUTATEN FÜR 10 STÜCK:

- ✔ 1 Pckg. Hefeteig aus dem Kühlregal
- ✔ 4 Schokoriegel – Mars, Snickers o.Ä.
- ✔ etwas Puderzucker

NÄHRWERTE PRO PORTION:

164 kcal | 17,8 g Kohlehydrate | 1,6 g Eiweiß | 9,5 g Fett

ZUBEREITUNG:

1. Rollen Sie den Hefeteig aus und teilen ihn in 10 bis 12 gleich große Stücke.
2. Zerschneiden Sie die Schokoriegel in jeweils 3 bis 4 Teile.
3. Legen Sie je ein Stücke Schokoriegel auf ein Teigstück, klappen Sie den Teig zusammen und drücken ihn gut fest, sodass nichts aufplatzen kann.
4. Legen Sie die Chocolatys – nicht zu nahe beieinander - in den Frittierkorb und backen sie bei 170°C etwa 4 bis 5 Minuten.
5. Mit ein wenig Puderzucker bestreuen und am besten heiß genießen!

   Nach dem Erkalten können Sie die Chocolatys in der Heißluftfritteuse bei 170°C in 2 bis 3 Minuten aufbacken.

SCHOKOKUCHEN

ZUTATEN FÜR EINEN KUCHEN / 8 PORTIONEN:

- ✔ 120 g zimmerwarme Butter
- ✔ 60 g weißer Feinkristallzucker
- ✔ 60 g brauner Feinkristallzucker
- ✔ 1 Ei
- ✔ 180 g Mehl
- ✔ 1 TL Vanilleextrakt
- ✔ ½ TL Backpulver
- ✔ 40 g Schokochips

NÄHRWERTE FÜR EINEN PORTION:

285 kcal | 35,2 g Kohlehydrate | 2,2 g Eiweiß | 14,9 g Fett

ZUBEREITUNG:

1. Rühren Sie die Butter cremig und fügen Sie dann unter weiterem Rühren den weißen und braunen Zucker, den Vanilleextrakt und das Ei zu.
2. Danach kommt eine Prise Salz in den Teig. Das mit dem Backpulver versiebte Mehl arbeiten Sie nach und nach ein.
3. Fetten Sie eine Heißluftfritteuse-Backform und füllen den Teig ein.
4. Stellen Sie die Kuchenform in den Frittierkorb und backen Sie den Schokokuchen bei 175°C etwa 10 Minuten.

SÜSSER POLENTA-AUFLAUF

ZUTATEN FÜR 8 PORTIONEN:

- ✔ 300 ml Milch
- ✔ 2 Eier
- ✔ 1 Pckg. Vanillezucker
- ✔ 50 g Kristallzucker
- ✔ 120 g Maisgrieß (Polenta)
- ✔ 50 g zimmerwarme Butter
- ✔ 1 Zitrone / Schale
- ✔ 40 g Rosinen
- ✔ 1 Prise Salz

NÄHRWERTE PRO PORTION:

309 kcal | 23,9 g Kohlehydrate | 2,8 g Eiweiß | 22,2 g Fett

ZUBEREITUNG:

1. Kochen Sie den Vanillezucker und die Hälfte des Kristallzuckers mit einer Prise Salz in der Milch auf (auf dem Herd).
2. Rühren Sie den Maisgrieß nach und nach ein und lassen ihn eindicken, dann erkalten lassen.
3. Währenddessen sprühen Sie eine feuerfeste Form, die in die Heißluftfritteuse passt, mit einem Hauch Öl aus.
4. Trennen Sie die Eier, schlagen Sie das Eiweiß mit dem restlichen Kristallzucker steif und stellen es beiseite.
5. Rühren Sie die weiche Butter mit der abgeriebenen Zitronenschale schaumig und fügen dabei nach und nach die Dotter zu.
6. Rühren Sie den Dotterabtrieb und die Rosinen unter die Polentamasse und heben den Eischnee vorsichtig unter.
7. Füllen Sie die Masse in die vorbereitete Form und backen sie bei 160°C etwa 30 Minuten lang.

   Dazu passt Apfelmus oder Kompott und frische Minze.

APFELROSETTEN-KUCHEN

ZUTATEN FÜR 4 PORTIONEN:

- ✔ 30 g Quark
- ✔ 2 EL Milch
- ✔ 2 EL Öl
- ✔ 20 g Zucker
- ✔ ½ Zitrone / Schale
- ✔ 100 g Mehl
- ✔ 2 TL Backpulver
- ✔ 1 EL Butter, geschmolzen

Füllung:

- ✔ 2 kleine Äpfel
- ✔ 2 EL Rosinen
- ✔ 2 EL gehackte Walnüsse
- ✔ ½ TL Zimt
- ✔ 1 EL Kondensmilch

NÄHRWERTE PRO PORTION:

278 kcal | 36,6 g Kohlehydrate | 5,2 g Eiweiß | 11,7 g Fett

SÜSSES

ZUBEREITUNG:

1. Schälen Sie die Äpfel und raffeln sie grob. Beträufeln Sie sie mit etwas Zitronensaft, um das Braunwerden zu verhindern.
2. Für die Füllung vermengen Sie 10 g Zucker mit Zimt. Hacken Sie die Walnüsse.
3. Verrühren Sie den Quark mit der Milch, dem Öl, der abgeriebenen Zitronenschale und dem Zucker.
4. Versieben Sie das Mehl mit dem Backpulver und arbeiten es in die Quarkmischung gut ein, verkneten Sie es sorgfältig.
5. Auf einer bemehlten Arbeitsplatte rollen Sie den Teig zu einem etwa 30 x 40 cm großen Rechteck aus. Pinseln Sie den Teig mit der geschmolzenen Butter ein.
6. Bestreuen Sie die Teigplatte mit dem Zimtzucker und verteilen die geraffelten Äpfel darüber. Darauf kommen nun die gehackten Walnüsse und die Rosinen.
7. Rollen Sie den Teig von der längeren Seite her auf und schneiden die Rolle in zehn etwa gleich breite Stücke.
8. Sprühen Sie die Kuchenform mit etwas Öl aus und setzen die Stücke nebeneinander hinein. Bestreichen Sie die Oberfläche mit etwas Kondensmilch.
9. Backen Sie den Kuchen bei 175°C etwa 20 Minuten.

BEEREN-KÄSEKUCHEN

ZUTATEN FÜR 4 PORTIONEN:

Teig:

- ✔ 60 g Mehl
- ✔ 20 g Zucker
- ✔ 1 Päckchen Vanillezucker
- ✔ 40 g kalte Butter

Füllung:

- ✔ 20 g Butter
- ✔ 30 g Zucker
- ✔ 1 Ei / getrennt in Eigelb und Eiweiß
- ✔ 20 g Stärkemehl
- ✔ 120 g Quark
- ✔ 1 EL Schmand oder Crème fraîche
- ✔ 30 ml Sahne
- ✔ ½ TL Vanilleextrakt
- ✔ 30 g geriebene Nüsse oder Mandeln
- ✔ etwa 100 g Beeren (Heidelbeeren, Johannisbeeren)

NÄHRWERTE PRO PORTION:

498 kcal | 34,5 g Kohlehydrate | 6,7 g Eiweiß | 36,5 g Fett

ZUBEREITUNG:

1. Mischen Sie die trockenen Teigzutaten, fügen die Butter in Flöckchen hinzu und verkneten alles rasch zu einem glatten Teig, den Sie eine halbe Stunde im Kühlschrank zugedeckt ruhen lassen.
2. Inzwischen bereiten Sie die Füllung vor:
   a. Mixen Sie Butter, Zucker und Eigelb schaumig, rühren das Stärkemehl unter und mischen nach und nach den Quark und die Crème fraîche hinzu.
   b. Schlagen Sie das Eiweiß schnittfest und die Sahne mit Vanilleextrakt steif.
   c. Heben Sie Eiweiß und geschlagene Sahne unter die Quarkmasse und rühren vorsichtig die geriebenen Nüsse und die Beeren unter.
3. Kleiden Sie die Kuchenform mit dem Teig aus, indem Sie ihn auch am Rand hochziehen. Stechen Sie ihn mehrmals mit einer Gabel an.
4. Füllen Sie die Quarkmasse ein und backen Sie den Kuchen zunächst bei 180°C etwa 20 Minuten.
5. Dann regeln Sie die Temperatur auf 160°C herunter und backen den Kuchen weitere 15 bis 20 Minuten.

DIPS & AUFSTRICHE

CHAMPIGNON-DIP

ZUTATEN FÜR 4 PORTIONEN:

- ✔ 200 g Champignons
- ✔ 80 g zimmerwarme Butter
- ✔ 5 EL Crème fraîche oder saure Sahne
- ✔ 1 kleine Zwiebel
- ✔ 1 EL gehackte Petersilie
- ✔ 1 Ei, hartgekocht

NÄHRWERTE PRO PORTION:

302 kcal | 2,2 g Kohlehydrate | 3,4 g Eiweiß | 19,8 g Fett

ZUBEREITUNG:

1. Putzen Sie die Champignons und schneiden sie blättrig.
2. Dünsten Sie die Pilze in 1 EL Butter weich, lassen sie abtropfen und hacken sie danach sehr fein.
3. Rühren Sie die restliche Butter cremig und rühren nach und nach abwechselnd die Crème fraîche (saure Sahne) und die Champignons ein.
4. Zerdrücken Sie das hartgekochte Ei mit einer Gabel, hacken die Zwiebel und die Petersilie sehr fein und vermengen es mit der Champignon-Butter-Mischung. Würzen Sie mit Salz und Pfeffer.

Tipp: Bei den Champignons au Fromage (Rezept bei „Fleisch, Fisch, Huhn“) bleiben die Pilzstiele übrig – diese können Sie hier verarbeiten.

PFEFFERONI-DIP

ZUTATEN FÜR 4 PORTIONEN:

- ✔ 120 g Quark
- ✔ 80 g zimmerwarme Butter
- ✔ 6 EL Mayonnaise
- ✔ 1 kleine Zwiebel
- ✔ 5 Pfefferoni
- ✔ 10 Kapern
- ✔ 3 kleine Gewürzgurken
- ✔ 2 hartgekochte Eier
- ✔ ein Spritzer Worcestersoße
- ✔ Cayennepfeffer (optional)

NÄHRWERTE PRO PORTION:

355 kcal | 3,9 g Kohlehydrate | 6,3 g Eiweiß | 34,7 g Fett

ZUBEREITUNG:

1. Hacken Sie die Zwiebel, die Pfefferoni, die Kapern, Gurken und hartgekochten Eier klein.
2. Rühren Sie die Butter cremig, arbeiten nach und nach den Quark und die Mayonnaise ein und mengen die anderen Zutaten darunter.
3. Würzen Sie mit Salz, Pfeffer und Cayennepfeffer und fügen einen Spritzer Worcestersoße hinzu.

AVOCADO-AUFSTRICH

ZUTATEN FÜR 4 PORTIONEN:

- ✔ 1 Avocado
- ✔ 80 g Blauschimmelkäse (z.B. Roquefort)
- ✔ 80 g zimmerwarme Butter
- ✔ 1 EL Schmand
- ✔ 4 EL saure Sahne
- ✔ ein Spritzer Zitronensaft
- ✔ Salz, weißer Pfeffer

NÄHRWERTE PRO PORTION:

363 kcal |1 g Kohlehydrate | 5,4 g Eiweiß | 36,7 g Fett

ZUBEREITUNG:

1. Halbieren Sie die Avocado, heben das Fruchtfleisch mit einem Löffel heraus und zerdrücken es gut mit einer Gabel. Träufeln Sie einige Tropfen Zitronensaft darauf, damit das Fruchtfleisch nicht braun wird.
2. Verrühren Sie die Butter mit dem Blauschimmelkäse, dem Schmand und der sauren Sahne, rühren das Avocadopüree ein und würzen mit Salz und weißem Pfeffer.

ROTE BETE-AUFSTRICH /VEGAN

ZUTATEN FÜR 1 PORTION:

- ✔ 120 g gekochte rote Bete
- ✔ 50 g Walnusskerne, gerieben
- ✔ 1 TL Meerrettichpaste
- ✔ 1 TL Öl

NÄHRWERTE PRO PORTION:

441 kcal | 15,3 g Kohlehydrate | 10,7 g Eiweiß | 35,9 g Fett

ZUBEREITUNG:

1. Schneiden Sie die rote Bete in kleine Stücke oder raffeln Sie sie.
2. Vermischen Sie rote Bete, geriebene Walnüsse, Meerrettichpaste und Öl.
3. Pürieren Sie die Masse mit dem Pürierstab gut durch, bis sie geschmeidig ist.

VEGANER JOGHURT-DIP

ZUTATEN FÜR 1 PORTION:

- ✔ 200 ml Soja-Joghurt
- ✔ 1 Zehe Knoblauch
- ✔ 1 EL Senf
- ✔ 1 EL Zitronensaft
- ✔ ½ Bund frische Kräuter wie Schnittlauch, Petersilie, Basilikum
- ✔ Pfeffer und Salz

NÄHRWERTE PRO PORTION:

76 kcal | 6,8 g Kohlehydrate | 5,1 g Eiweiß | 2,8 g Fett

ZUBEREITUNG:

1. Drücken Sie den Knoblauch durch die Knoblauchpresse und hacken Sie die Kräuter fein.
2. Mischen Sie Kräuter, Knoblauch, Senf und Zitronensaft mit dem Joghurt und würzen mit Pfeffer und Salz.

DREI TAGE MIT DER HEISSLUFTFRITTEUSE

Tag 1

Frühstück:	Thymian-Eier-Toast
Hauptmahlzeit 1:	Zwiebelhähnchen
Hauptmahlzeit 2:	Blumenkohlauflauf
Für zwischendurch:	Nachos-Snack
Süßes:	Blaubeer-Minis

Tag 2

Frühstück:	Kräuterbrötchen mit Avocado-Aufstrich
Hauptmahlzeit 1:	Gefüllte Käsekartoffeln auf Paprikagemüse
Hauptmahlzeit 2:	Honig-Lachsfilets
Für zwischendurch:	Kürbis-Fritten
Süßes:	Chocolatys

Tag 3

Frühstück:	Schinken-Speck-Darrone
Hauptmahlzeit 1:	Ribeye-Steak mit Knoblauchbutter und würzigen Kartoffel-Wedges
Hauptmahlzeit 2:	Gefüllte Mini-Paprikas
Für zwischendurch:	Knusprige Zucchini-Sticks mit Joghurt-Dip
Süßes:	Energie-Riegel

EXKLUSIVER BONUS

35 exklusive Abnehmrezepte

inkl. 14-Tage-Abnehmplan, um dauerhaft Bauchfett zu verlieren und schlank zu bleiben

Halten Sie Ihre Handykamera einfach auf den QR Code und kommen Sie so zu dem Gratis-Download:

QR-Code mit Kamera scannen und GRATIS Bonus erhalten:

HAFTUNGSAUSSCHLUSS

Dieses Buch enthält Meinungen und Ideen des Autors / der Autorin und hat die Absicht, Menschen hilfreiches und informatives Wissen zu vermitteln. Die enthaltenen Strategien passen möglicherweise nicht zu jedem Leser, und es gibt keine Garantie dafür, dass sie auch wirklich bei jedem funktionieren. Die Benutzung dieses Buchs und die Umsetzung der darin enthaltenden Informationen erfolgt ausdrücklich auf eigenes Risiko. Haftungsansprüche gegen den Autor für Schäden materieller oder ideeller Art, die durch die Nutzung oder Nichtnutzung der Informationen bzw. durch die Nutzung fehlerhafter und/oder unvollständiger Informationen verursacht wurden, sind ausdrücklich ausgeschlossen. Das Werk, inklusive aller Inhalte, gewährt keine Garantie oder Gewähr für Aktualität, Korrektheit, Vollständigkeit und Qualität der bereitgestellten Informationen. Druckfehler und Fehlinformationen können nicht vollständig ausgeschlossen werden.

Impressum: Ataro Kitap Yayıncısı, İsmet Kaptan, Gazi Blv. No:116, 35210 Konak/İzmir, Turkey, atarokitap.izmir@gmail.com

Printed by Amazon Italia Logistica S.r.l.
Torrazza Piemonte (TO), Italy

32930889R00064